COLLECTION DIRIGÉE PAR
CHRISTIANE DUCHESNE

Dépôt légal :
2e trimestre 1996
Bibliothèque nationale du Québec
Bibliothèque nationale du Canada

Révision linguistique : Diane Martin - Michèle Marineau
Conception graphique : Caroline Fortin
Montage : Yanik Préfontaine
Illustrations : © Québec/Amérique International
Logo Kid/Quid? : Raphaël Daudelin
Fabrication : Tony O'Riley

Diffusion : Éditions françaises,
1411, rue Ampère, Boucherville (Québec) J4B 5Z5
(514) 641-0514 • 1-800-361-9635 - région extérieure
(514) 641-4893 - fax

Données de catalogage avant publication (Canada)
Duchesne, Christiane, 1949-
    Cyrus, l'encyclopédie qui raconte
    (Kid/Quid? ; 5)
    Comprend des index.
    L'ouvrage complet comprendra 12 v.
    Pour les jeunes.
    ISBN 2-89037-697-4 (série) - ISBN 2-89037-799-7 (v. 5)
    1. Encyclopédies et dictionnaires pour enfants.
I. Marois, Carmen, 1951-   . II. Titre. III. Collection.
AF25.D82 1995   j034' .1   C95-940949-1

Christiane Duchesne   Carmen Marois

Cyrus
5
l'encyclopédie qui raconte

Québec/Amérique

1380 A, rue de Coulomb, Boucherville (Québec) J4B 7J4
Tél. : (514) 655-6084 • fax : (514) 655-5166

À Catherine et à Marie,
les deux *sages* femmes qui m'ont aidée
à venir au monde.

C. M.

Avant-propos

Quand elle ouvre les yeux, ils lui donnent un arbre
Et son monde branchu, ils lui donnent le large
Et son content de ciel,
Puis elle se rendort pour emporter le tout.

Jules Supervielle
L'enfant née depuis peu

Les enfants posent des questions de toutes les espèces et c'est tant mieux. Sinon, comment comprendraient-ils le monde? Mon père avait comme principe de ne jamais répondre «Je ne sais pas» à une question que nous lui posions quand nous étions petits. J'ai fait la même chose. J'ai cherché des réponses toute ma vie et je m'aperçois aujourd'hui que ce fut toujours un plaisir. Des milliers de questions pour expliquer l'histoire des choses, la vie de la planète, les angoisses de l'homme, la vie animale, l'univers végétal, le cosmos et le cœur des gens. Je vous laisse trois cent soixante histoires, à relire souvent, non seulement pour apprendre la réponse à des questions surprenantes, mais surtout pour connaître ce que les autres ont voulu savoir.

P.S. : La seule question à laquelle je n'arrive jamais à répondre exactement de la même façon est «Qui suis-je?», et ce n'est pas plus mal puisque tous les jours créent des différences.

Cyrus

Légende

La Terre et l'espace, phénomènes et inventions

Les animaux, leurs habitudes et leurs particularités

Les végétaux, arbres, fleurs et tout ce qui pousse

Les gens, leur corps et leur vie

Curieuses questions

Pourquoi les moutons frisent-ils?

Cyrus consulte son patron pour la dixième fois. «Deux mailles jetées, une à l'envers, une maille coulée...» Laissant échapper un long soupir, il pose son tricot.

Gratte-Bedaine dort, mais ses ronflements ne réussissent pas à couvrir la voix flûtée de Rose, qui arrive en sautillant.

— Bonjour, Cyrus! Je viens vous porter quelque chose. Oh! que c'est beau! Qu'est-ce que c'est?

— Une cape, dit Cyrus.

— Pour vous?

— Pas du tout. Et je ne te dirai pas pour qui, curieuse...

— La laine, Cyrus, ça vient bien des moutons? demande Rose.

— Des moutons, des lamas, des chèvres... Et même la laine des moutons peut être bien différente d'une espèce de moutons à une autre. Il y a des moutons angoras, des...

— Mais la laine, Cyrus! La laine, angora ou non, la laine n'est pas frisée, alors que les moutons le sont. J'ai deux questions : pourquoi les moutons frisent et pourquoi la laine n'est pas frisée?

— Rose, ma petite Rose! Tu veux tout savoir à la fois! D'abord, permets-moi de te dire que tous les moutons ne frisent pas!

— Vous en êtes certain? demande Rose, incrédule.

— Pas plus que toutes les petites filles ou tous les petits garçons...

— ... ou que tous les Cyrus, ajoute Rose en riant.

— Les Cyrus sont chauves! déclare le savant, faussement sévère. Mais tous les moutons ne sont pas frisés.

— Mais les frisés? insiste Rose.

— Un poil frise lorsqu'il prend naissance dans un follicule ovale. Le follicule, c'est une sorte de minuscule sac creux à l'intérieur duquel est produite la kératine, la matière première qui compose les cheveux, les poils, les ongles, les cornes...

— Même les cornes! s'exclame Rose.

— De plus, si le follicule est sinueux plutôt que droit, les molécules de kératine s'assembleront selon une structure particulière, qui donnera un cheveu frisé.

— Donc, il faut croire que les moutons frisés ont des follicules ovales et sinueux! déclare Rose.

— Cela n'explique pas tout! S'il y a des moutons frisés, c'est en général parce qu'ils ont des parents frisés, dit encore le savant.

— Ça, c'est une question de génétique!

— Et le programme génétique d'un mouton vient du programme génétique de son père et de celui de sa mère.

— C'est comme ça qu'on peut faire des croisements, pour obtenir des moutons différents?

— Oui, mais ne va pas trop vite, il y a tellement de choses à dire sur la génétique...

— Ce sera pour une autre fois, Cyrus, soupire Rose. Je passais seulement.

— C'est vrai, se rappelle Cyrus. Tu venais me porter quelque chose...

— Un pot de confiture d'abricots que j'ai faite moi-même! Maintenant, je me sauve! Elmire m'attend!

— Tu re-viendras, nous

y goûterons ensemble, crie Cyrus à Rose, qui s'éloigne comme elle est venue. Et pour la laine, je t'expliquerai demain!

Il semble que la domestication du mouton remonte à 9 000 av. J.-C. C'est en Iraq qu'on aurait commencé à utiliser les moutons à des fins domestiques.

D'où vient le savon?

À la demande de Cyrus, son neveu Tibérius est descendu à la cave chercher deux bouteilles de cidre. En remontant, le garçon traverse la salle de lavage. Derrière le hublot de la lessiveuse dansent de grosses bulles de savon. Tibérius rejoint son oncle, assis en compagnie de son voisin, Gontran Latimer.

— Eh bien, mon garçon! lance le savant. Tu en as mis du temps!

Tibérius ne répond pas. Il pose les deux bouteilles de cidre sur la table installée à l'ombre d'un grand tilleul. Il fait chaud, et les deux hommes ont le gosier sec.

— Oncle Cyrus, comment fait-on le savon et qui l'a inventé?

Les sourcils froncés, le savant achève d'abord d'ouvrir une première bouteille et de remplir les verres avant de répondre.

— Le savon... Difficile de dire qui l'a inventé et quand, car cela remonte à loin. Tu dois cependant savoir

13

que le savon est composé de trois substances : de graisse...

— De graisse ! s'exclame Tibérius. C'est infect !

— Ne m'interromps pas, coupe son oncle. Je disais donc que le savon est composé de graisse, de soude caustique et d'eau.

— Le gamin a raison, intervient Latimer. C'est proprement dégoûtant.

— Proprement, c'est le mot, ironise le savant. Il y a très longtemps, les humains ont remarqué les propriétés nettoyantes d'un mélange de graisses et de cendres. Deux mille cinq cents ans avant notre ère existait déjà en Mésopotamie un savon mou, de piètre qualité.

— L'homme connaît le savon depuis aussi longtemps ? s'étonne Tibérius.

— Oui, mais ce n'est qu'à partir du XVIe siècle que l'usage du savon se généralise. À cette époque, seuls les aristocrates pouvaient se payer du savon, mais ils n'en abusaient pas ! On dit qu'Élisabeth Ire, reine d'Angleterre, prenait un bain par mois. On peut supposer que ses sujets, moins fortunés, se lavaient encore moins.

— Devaient pas sentir la rose! marmonne Latimer.

— Six cents ans avant Jésus-Christ, les Phéniciens, ces grands marins, ont répandu l'emploi du savon dans le monde connu.

— Impressionnant, dit Latimer.

— Pour obtenir du savon, les Phéniciens faisaient fondre de la graisse de chèvre, qu'ils mélangeaient à de l'eau et à des cendres.

Devant le visage ahuri de ses deux compagnons, Cyrus se sent obligé d'ajouter :

— Les cendres ont une forte teneur en carbonate de potassium. Grâce à son action, le mélange se solidifie au moment de l'évaporation et prend l'aspect d'une sorte de cire.

— C'est drôle, dit Tibérius. Plus vous m'expliquez de quoi est fait le savon, oncle Cyrus, moins j'ai envie de me laver.

— Je partage entièrement l'avis du garçon, signale Latimer.

— Admettez que le savon est très utile, proteste Cyrus. Il permet de débarrasser le corps des saletés et des impuretés qu'il amasse.

— Dites, oncle Cyrus, si le savon ne contient que des trucs comme de la graisse animale et de la soude caustique, pourquoi est-il si beau? Pourquoi sent-il si bon?

— Simplement parce qu'on y ajoute des parfums et des colorants. Sans colorant, le savon aurait la couleur de la tire, brun clair.

Au IVe siècle de notre ère, un savon mou à base de suif et de cendres de hêtre est connu en Gaule. Les Gaulois ne l'utilisent cependant pas pour se laver, mais pour lustrer leur chevelure blonde.

Comment nos cheveux poussent-ils ?

Cyrus sort de chez le coiffeur et tombe nez à nez avec Jérémie, qui allait entrer chez le quincaillier.

— Ne ris pas, Jérémie, ne ris pas! se hâte de dire le savant chauve.

— Oh! vous avez toutes sortes de raisons d'aller chez le coiffeur. Peut-être est-il votre ami? bafouille Jérémie, très mal à l'aise.

— Je suis allé me faire faire la barbe! dit Cyrus. C'est un luxe que je m'offre deux fois par année.

— Cyrus, je peux vous poser une question?

— Bien sûr, Jérémie!

— Vous, vous n'avez plus de cheveux. Mais les miens, comment poussent-ils?

— C'est curieux, tout le monde semble se préoccuper des poils, cette semaine. L'autre jour, Rose m'a demandé pourquoi les moutons frisaient. Je te dirai, Jérémie, que les cheveux, qu'ils soient fins, drus, raides ou frisés, poussent tous de la même façon.

— Expliquez-moi, demande Jérémie.

— Rose pourrait te le dire : les cheveux prennent naissance dans un follicule, une sorte de petit pot dans la peau.

— Les cheveux poussent comme des plantes?

— Un peu, dit Cyrus. Le bulbe du cheveu est au fond du follicule.

— Mais qu'est-ce qui le fait vraiment pousser? demande encore Jérémie.

— Au fond du follicule se trouve la papille dermique, irriguée par de très fins vaisseaux sanguins. C'est le sang qui alimente la croissance des cheveux.

— Ils poussent pendant toute la vie?

— Non, la vie des cheveux se déroule en trois phases : d'abord, le nouveau cheveu sort du follicule et pousse au rythme de un centimètre par mois pendant une période, variable selon les individus, allant de deux à six ans. Après, la croissance s'arrête et le système se repose. Enfin, environ deux semaines plus tard, la racine du cheveu se détache du follicule.

— Et les cheveux tombent! dit Jérémie.

— Un nouveau cycle commence, les nouveaux cheveux remplacent les cheveux morts.

— Combien avons-nous de cheveux sur la tête? demande Jérémie.

— On dit qu'une tête chevelue porte entre cent mille et deux cent mille cheveux. C'est beaucoup!

— Cyrus, ajoute Jérémie, si vous, vous n'avez plus de cheveux, est-ce que c'est parce que votre sang n'était pas assez bon pour nourrir vos follicules?

— Pas du tout! répond Cyrus en éclatant de rire. La calvitie, c'est une question d'hérédité. Mon père était chauve à trente ans, ma grand-mère aussi d'ailleurs. Tu aurais dû la voir! Elle portait une perruque épouvantable. On avait toujours l'impression qu'elle s'était posé un vieux tricot sur le crâne!

— Mon père a des cheveux comme ce n'est pas possible!

— Et toi aussi! dit Cyrus en ébouriffant la crinière de Jérémie. Ne t'en fais pas trop. Je ne crois pas que la calvitie te guette!

Jérémie sourit à Cyrus.

— Tu n'allais pas à la quincaillerie? demande ce dernier.

— Zut! J'avais complètement oublié! Mon père attend ses clous!

Il est complètement faux de croire que la peur fait dresser les cheveux sur la tête. Les poils peuvent se dresser sous l'effet du froid, de la peur ou d'une grande émotion. Les cheveux n'ont pas cette particularité.

Les colibris sont-ils
des oiseaux migrateurs?

Debout derrière la baie vitrée, Aspasie regarde descendre la mer. Trois jardinières débordantes de fuchsias sont suspendues devant les fenêtres. Soudain, Aspasie aperçoit, là devant elle, un colibri!

Les ailes de ce dernier battent tellement vite qu'elles sont à peine visibles. La fillette demeure immobile. Elle ne veut pas effrayer l'oiseau qui visite, une à une, les corolles des fuchsias. Après avoir fait le tour des jardinières, l'oiseau s'éloigne à toute vitesse.

Aspasie peut alors reprendre son souffle.

— Qu'il était beau! s'exclame-t-elle, ravie.

Elle s'empresse ensuite de sortir sur la plage. Cyrus, le curieux voisin venu passer lui aussi quelques jours au bord de la mer, s'y promène déjà. En sa présence, Aspasie se sent intimidée. Elle dirige donc ses pas vers la gauche, tentant d'éviter la rencontre. Malheureusement, Cyrus l'a aperçue et lui fait avec bonne humeur un grand signe de la main.

«Pas moyen d'y couper», songe la petite. «Qu'est-ce que je vais bien pouvoir lui dire?» s'interroge-t-elle.

— Comment vas-tu, ce matin? s'enquiert poliment Cyrus.

Après qu'ils ont échangé les politesses d'usage, Aspasie cherche quelque chose d'intelligent à dire.

— Les colibris sont-ils des oiseaux migrateurs? demande-t-elle enfin.

— Tu t'intéresses aux colibris? s'étonne le savant.

— J'aime les oiseaux. Et les colibris sont mes oiseaux préférés.

— Tu sais alors qu'il existe un peu plus de trois cents espèces de colibris?

Non, Aspasie ne le savait pas.

— La plupart des colibris vivent dans les pays tropicaux, ils n'ont donc pas besoin de migrer, explique Cyrus.

— Mais ceux qui vivent au Québec?

— Tout l'est des États-Unis et du Canada n'est peuplé que d'une seule espèce de colibris, le colibri à gorge rubis. Cette espèce, à cause du rude climat québécois, est migratrice, en effet.

— Où vont les colibris durant l'hiver?

— Arrivé en mai, lors de la floraison des pommiers, le colibri repart au milieu du mois d'août vers le sud des États-Unis, le Mexique, puis l'Amérique latine.

— C'est un long voyage !

Aspasie essaie d'imaginer le périple.

— Le colibri effectue entre vingt et quatre-vingts battements d'ailes à la seconde, peut voler à quarante kilomètres à l'heure selon le type de vol, atteindre même des vitesses de cent kilomètres à l'heure et parcourir jusqu'à quatre-vingts kilomètres sans s'arrêter.

— Il est pourtant minuscule !

— Le colibri est une merveille de la nature. Il peut voler dans tous les sens et même à reculons.

— Oui, je l'ai remarqué tout à l'heure, lorsqu'il sortait de la corolle des fuchsias.

— C'est un oiseau merveilleux. Tu as bien raison de t'y intéresser.

— Merci, monsieur Cyrus.

Les oiseaux migrateurs parcourent parfois des distances prodigieuses. La sterne arctique, championne des migrations, effectue chaque année un voyage aller et retour d'environ 36 000 km qui la mène du cercle arctique, où elle niche, jusqu'aux glaces de l'Antarctique.

À quoi servent
les différentes vitamines?

— Tu as eu une apparition? demande Cyrus à Sigmund, assis, penaud, devant chez lui.

— J'aurais bien voulu en avoir une! répond Sigmund. Cyrus, avez-vous le temps de vous arrêter un moment?

— Mais oui! dit Cyrus en venant s'asseoir à côté du garçon.

— Je voulais voir des vitamines...

— Voir des vitamines! s'exclame Cyrus. Voilà qui est audacieux!

— Je voulais surtout voir les différentes vitamines que contient un kiwi!

— Ne t'obstine pas! dit Cyrus. Ton microscope ne te permettra jamais de les voir. En revanche, je peux te raconter des choses à propos des vitamines. D'abord, elles ont de drôles de noms...

— Ce sont les lettres de l'alphabet! lance Sigmund.

— Les vitamines s'appellent A, B, C, D, E, K... Elles s'appellent aussi B1, B2, B6, B12...

— Où se cachent-elles?

— Prenons la vitamine A. On la trouve dans le foie, la crème, le lait entier, le beurre, les fromages gras, les jaunes d'œufs et les poissons gras.

— Pas dans les carottes?

— C'est la carotène, appelée provitamine A, qu'on trouve dans les carottes, mais aussi dans les épinards, les petits pois, les tomates, le germe de blé, le persil, les oranges, les choux.

— À quoi servent la vitamine A et la provitamine A?

— Elles permettent à tes yeux de voir dans la semi-obscurité, elles protègent les muqueuses de ton corps, agissent sur le métabolisme de certaines hormones et t'aident à résister aux infections.

— C'est énorme! s'étonne Sigmund.

— La vitamine B se trouve dans les céréales et les noix, ainsi que dans les œufs. Elle travaille pour le système nerveux, le cœur, les yeux, la peau et les globules rouges.

— Et la vitamine C?

— Elle peut t'aider à prévenir le rhume et le scorbut. C'est dans les oranges, les kiwis, tiens!, et les fraises que tu pourras en trouver. La vitamine D, très abondante dans l'huile de foie de morue, nous est aussi fournie par le Soleil!

— Le Soleil?

— Oui! Le Soleil aide l'organisme à fabriquer de la vitamine D. On en ajoute également dans le lait, pour s'assurer que tous les enfants en absorbent, car c'est cette vitamine qui sert à la formation des os et des dents. Un manque de vitamine D entraîne une maladie qu'on appelle le rachitisme.

— Vitamine E, s'il vous plaît?

— La vitamine E est présente dans le germe de blé, les petits pois, les haricots secs, les choux, les carottes, la laitue, le persil, le foie, les œufs, le beurre, le lait entier et dans les huiles de maïs, de tournesol, de colza et de soja. Cette vitamine serait favorable à la fécondité.

— Et la vitamine K? demande Sigmund, qui tient à aller au bout de cette leçon.

— La vitamine K est indispensable à la coagulation du

sang. Tu en absorbes quand tu manges du foie, des tomates, des épinards, des petits pois, des pommes de terre et du poisson.

— C'est noté, Cyrus! J'en conclus donc que les aliments qui contiennent plusieurs vitamines sont les meilleurs!

— Avec ta prodigieuse mémoire, je suis sûr que tu te souviendras de tout!

Combien nous faut-il absorber de vitamine C chaque jour? Entre 20 et 60 mg. Persil, cresson, oranges, citrons et pample-mousses, chou-fleur, choux de Bruxelles, fraises... en contiennent. L'important est de manger des fruits et des légumes!

Pourquoi le poivre
fait-il éternuer?

Armé d'une poivrière en forme de tour Eiffel, Perceval se tient à l'affût. Il a entendu dire qu'il était possible d'attraper les oiseaux en leur saupoudrant la queue de poivre. Ou de sel? Il ne sait plus.

Perceval approche bêtement la poivrière de son nez.

Alerté par les éternuements, Cyrus s'arrête, se penche et découvre le garçon accroupi entre les branches de cèdre.

— Atch... Excusez-moi, Cyrus. C'est le poivre, explique-t-il.

— Ta poivrière contient du poivre moulu, n'est-ce pas? Seul le poivre moulu provoque des éternuements.

— C'est vrai, réplique le garçon après avoir réfléchi, le poivre en grains ne m'a jamais fait éternuer.

— C'est que le poivre est composé de plusieurs éléments chimiques qui entrent en action une fois moulus.

— Lesquels?

— La composante la plus forte est la pipérine.

— Qu'est-ce que la pipérine?

— C'est un alcaloïde, comme la morphine ou la strychnine. C'est la pipérine qui donne au poivre son piquant.

— Ah bon...

— Une fois moulue, la pipérine est réduite en une fine poussière très volatile. Quand tu l'approches de ton nez, elle se dépose sur la muqueuse nasale et l'irrite. Ton cerveau transmet alors le message d'expulser cet irritant : tu éternues. L'éternuement, c'est d'abord une brusque inspiration, suivie d'une expiration par le nez et par la bouche.

— Un genre de réflexe?

— C'est un réflexe d'expulsion, comme la toux ou le vomissement. Il a pour but de chasser la cause de l'irritation.

— Ma mère a différentes sortes de poivre, mentionne Perceval.

— Il existe en effet plusieurs sortes de poivre. On donne souvent au poivre le nom du port d'où il provient.

— Ça donne envie de voyager...

— D'où qu'il vienne, le poivre contient toujours cet irritant qu'est la pipérine. Mais le poivre blanc est plus doux que le poivre noir.

— Pourquoi? demande le garçon.

— Le poivre noir provient de baies que l'on cueille avant leur maturité, alors qu'elles sont encore rouges. On les fait sécher au soleil ou à feu doux jusqu'à ce qu'elles deviennent d'un noir violacé.

— Et le poivre blanc?

— Il est tiré des baies que l'on laisse arriver à maturité. On retire alors la couche externe de la baie pour ne conserver que la graine blanche. Cette enveloppe extérieure dont on débarrasse les graines est riche en pipérine. C'est pourquoi le poivre blanc moulu est moins sternutatoire que le poivre noir.

— Sternutatoire..., répète Perceval, songeur.

— Mais dis-moi, s'étonne enfin Cyrus

en fronçant les sourcils, que faisais-tu donc caché dans la haie avec cette poivrière à la main?

Difficile, aujourd'hui, d'imaginer qu'il y a six cents ans les épices comme le poivre, la cannelle et le gingembre étaient pesées sur les mêmes balances que l'or et les médicaments. Au Moyen Âge, «cher comme poivre» était une expression courante...

De quoi dépendent la marée haute et la marée basse?

— Place bien le tapis! dit Cyrus avec autorité. Je n'ai pas terminé!

Aurore lisse du plat de la main la frange du tapis de soie indien. Elle regarde sans dire un mot son grand ami qui finit de fabriquer une sorte de pince à long manche.

— Voilà! dit enfin Cyrus.

— Je suis venue, murmure timidement Aurore, vous demander pourquoi il y a la marée haute et la marée basse.

— Tu vas comprendre. Tu as déjà entendu parler de l'attraction terrestre, Aurore?

— Oui, c'est la force qui fait que nous sommes retenus au sol, que tout ce qu'il y a sur la Terre ne s'évade pas dans l'espace.

— Exactement. C'est aussi la force qui retient la Lune dans l'orbite de la Terre. Mais savais-tu que la Lune elle-même exerce une force d'attraction sur la Terre? Plus faible, bien sûr, mais bien réelle.

— Et le Soleil aussi, sans doute, fait Aurore en réfléchissant. Sinon, la Terre ne tournerait pas autour du Soleil!

— On peut donc dire que la Terre retient très fortement l'eau des lacs et des océans, mais que toute cette eau peut aussi être attirée, de façon moindre, par l'attraction lunaire et l'attraction solaire.

— C'est très clair, Cyrus. Mais le tapis...

— Le tapis, c'est pour te montrer comment la Lune attire l'eau. Regarde bien!

Cyrus empoigne son outil à long manche, va pincer le centre du tapis et le tire vers le haut.

— Qu'est-ce qui se passe? demande-t-il à Aurore.

— Les bords du tapis se retirent.

— Voilà exactement ce qui se passe pour les marées. L'eau est attirée par la Lune, comme par un gigantesque aspirateur. Elle se retire des rivages pour aller gonfler le milieu de l'océan.

Cyrus laisse tomber le tapis et Aurore s'empresse d'en replacer les franges.

— Ensuite, poursuit-il, les eaux se replacent...

— Il y a une chose que je ne comprends pas, Cyrus. Il y a deux marées hautes et deux marées basses par jour. Pourtant, la Lune ne fait pas deux fois par jour le tour de la Terre!

— Curieux phénomène! La Lune tire très fort l'eau vers le milieu d'un océan en un point et, au même moment, au point opposé, de l'autre côté de la Terre, la force centrifuge pousse l'eau des autres océans vers l'extérieur.

— La force centrifuge...

— Absolument. Cela nous fait donc deux marées hautes et deux marées basses par jour.

— Ce qui donne une marée basse six heures après la marée haute, déclare Aurore, qui a vite divisé vingt-quatre heures par quatre marées.

— Plus précisément toutes les six heures et douze minutes. C'est ce qui explique que les marées ne sont pas à la même heure tous les jours en un point donné de la Terre.

— Vous savez, dit Aurore avec un sourire, vous auriez pu faire

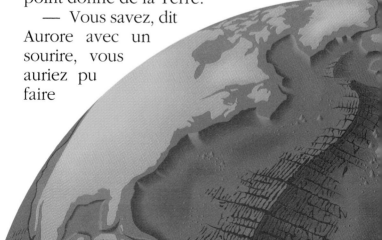

la démonstration avec un mouchoir. J'aurais aussi bien compris...

Sa curieuse pince à la main, Cyrus éclate de rire.

— Attends que je t'attrape le nez! dit-il en étirant le bras vers Aurore.

Les grandes marées, causées par l'alignement de la Lune et du Soleil, se nomment marées de «vives-eaux», alors que celles où la Lune et le Soleil forment un angle droit par rapport à la Terre s'appellent marées de «mortes-eaux».

Combien y a-t-il de sortes de moustiques dans le monde ?

— Cette fois encore, dit le savant, les moustiques auront eu raison de notre détermination !

— Quelle plaie, oncle Cyrus ! se désole Tibérius. Ces bestioles semblent se reproduire par millions !

— C'est le cas, en effet.

Les malheureux doivent quitter les rives du lac où ils s'étaient installés pour pêcher l'achigan.

— Combien y a-t-il de sortes de moustiques ? demande le garçon en s'aspergeant de lotion répulsive à la citronnelle.

— Les moustiques sont des insectes diptères. Ils appartiennent à la famille des culicidés, qui compte quelque trois mille espèces. Multiplie ce nombre par les millions d'individus qui composent chacune des espèces et tu auras une bonne idée du nombre de moustiques qui peuplent la Terre !

— C'est effarant, oncle Cyrus.

— Où que tu ailles dans le monde, tu es à

peu près sûr de trou-
ver des moustiques. Au
Canada, par exemple,
ils sont si nombreux qu'ils seraient capables de sucer le sang d'un homme en l'espace de quatre heures si on les laissait
faire!

— Pourquoi sont-ils aussi voraces?

— Seules les femelles moustiques
piquent, car elles ont besoin de sang
pour nourrir leurs œufs. Les
mâles, eux, ne piquent ni les
humains ni les animaux. Ils se
nourrissent exclusivement du
suc des plantes.

— Les moustiques femelles nous
piquent pour se nourrir?

— Et surtout pour nourrir leurs œufs. Si
elle n'est pas dérangée, la femelle moustique peut sucer le sang de sa victime pendant deux minutes et demie.

— Sale vampire!

— Mais il est rare qu'elle arrive à sucer
le sang aussi longtemps. Pour
se rassasier, il lui faudra alors
trouver une autre victime.

— Ces bestioles sont
infernales! J'ai hâte d'être à l'abri.

— À l'échelle mondiale, les moustiques
représentent un véritable fléau.

— Je suis d'accord, approuve le garçon en s'engouffrant dans le véhicule tout terrain de son oncle.

— Les moustiques, poursuit Cyrus, sont responsables de la propagation de plusieurs maladies graves, tel le paludisme. Cette maladie, la huitième en importance dans le monde, fait un million deux cent mille victimes chaque année.

— Une piqûre de moustique peut avoir de telles conséquences?

— Malheureusement.

— Dites, oncle Cyrus... Comment les moustiques nous trouvent-ils?

— Les insectes semblent guidés vers leurs victimes par les substances chimiques que celles-ci dégagent.

— Quoi? Moi, je dégage des substances chimiques?

— Comme les animaux et les autres humains, tu exhales du dioxyde de carbone lorsque tu respires. C'est cette substance, ainsi que la sueur, qui attirerait les moustiques.

— On ne va tout de même pas cesser de respirer et de transpirer pour anéantir les moustiques!

— Non, soupire l'érudit. C'est d'ailleurs pourquoi de nombreux savants croient que la guerre contre les moustiques est perdue d'avance !

La quinine, un alcaloïde longtemps utilisé dans le traitement du paludisme, est tirée de l'écorce du quinquina, un arbre originaire d'Amérique du Sud. Ce sont les Indiens du Pérou qui, au XVIIe siècle, ont confié aux Jésuites le secret de «l'écorce sacrée».

Pourquoi les feuilles tombent-elles à l'automne ?

Cléa n'a pas envie d'aller sauter dans les feuilles. Elle a le cœur gros et voudrait bien savoir pourquoi. Quand elle se retrouve devant chez Cyrus, elle décide de frapper.

— Cléa! s'écrie Cyrus, joyeux, en apercevant la visiteuse. Entre vite! Je ne t'ai pas vue depuis la rentrée des classes!

Cléa sourit à Gratte-Bedaine, qui court aussitôt vers elle.

— Tu ne dis rien, Cléa?

— Cyrus, ce doit être l'automne... J'ai le cœur triste et je ne sais pas du tout pourquoi.

— Tu n'aimes pas l'automne?

— Oui, je l'aime. J'ai toujours aimé l'automne, mais aujourd'hui, ce n'est plus comme avant. Je regarde les arbres dépouillés et je me sens vide...

— Souvent, quand on grandit, Cléa,

nos sentiments changent, dit Cyrus.

— C'est peut-être de voir ces grands arbres presque nus? Avant, je m'amusais dans les feuilles; maintenant, je m'inquiète des arbres... Pourquoi les feuilles tombent-elles, au juste?

— Tous les arbres ne perdent pas leurs feuilles, tu sais. Pense aux conifères! Les espèces comme le chêne, le bouleau, l'érable, le saule et l'orme, eux, les perdent. Parce que les jours raccourcissent à l'automne.

— Je croyais que c'était le froid qui les faisait tomber.

— Les chutes de température ont tout de même leur importance! Les racines ne peuvent plus puiser l'eau dans un sol gelé. Comme c'est par les feuilles que se fait l'évaporation de l'eau, l'arbre qui manque d'eau préfère se débarrasser de ses feuilles pour survivre durant l'hiver.

— C'est ingénieux, remarque Cléa.

— En plus, les feuilles captent la lumière pour permettre à l'arbre de digérer, si l'on peut dire. Quand l'automne arrive, l'ensoleillement quotidien diminue. Comme il y a moins de lumière, la feuille ne peut plus fournir le même travail, et son point d'attache commence à se défaire.

— Elle abandonne son arbre!

— Elle le laisse vivre sa période de repos, elle lui permet de maintenir ses forces pour l'hiver.

— Elle l'aide à traverser le pire, alors!

— Sais-tu que la chlorophylle, le pigment vert qui permet la photosynthèse, se décompose aussi?

— Si le vert disparaît, on peut voir d'autres couleurs? suggère Cléa.

— C'est un peu ça. On voit alors des feuilles jaunes, des feuilles rouges, des feuilles couleur de rouille...

— Comme celles du chêne. Ce sont celles que je préfère.

— C'est vrai qu'elles sont belles. Tu sais, la nature fait tellement bien les choses : lorsque la feuille tombe, il se forme, à l'endroit de la cicatrice, une couche de cellules protectrices.

— Comme un pansement? L'arbre ne souffre donc pas! Tout ce que vous dites me console, Cyrus, ajoute Cléa avec un sourire.

— Je savais bien que tu ne pouvais pas rester triste trop longtemps...

Dans les grandes villes, les arbres qui poussent près d'une source de lumière, un lampadaire par exemple, perdent leurs feuilles plus tard que ceux qui vivent dans des endroits obscurs.

Combien d'années
vivent les éléphants?

— Oncle Cyrus, je m'installe! annonce Tibérius en posant dans l'entrée son énorme sac de voyage.

— Comment? balbutie le savant.

— Pour quelques semaines seulement, cher tonton.

— Tu aurais pu me prévenir!

— Ça s'est décidé très vite! Papa est retenu au Moyen-Orient, et maman a reçu hier soir le feu vert pour entreprendre son étude sur les coutumes maritales des indigènes de Bornéo.

— Bon, soupire le savant. Installe-toi dans la chambre bleue.

— Pas de problème, tonton. Je serai discret comme une ombre.

Le téléphone sonne. Tibérius en profite pour porter son sac dans sa chambre. Puis il redescend se faire un chocolat. Silencieux, il écoute ce curieux monologue :

— Les éléphants?

45

Dans des conditions idéales, ce qui est rare, l'éléphant peut vivre soixante ans. On a déjà signalé un éléphant de l'espèce asiatique ayant vécu cent vingt ans. Sa longévité moyenne est toutefois de trente-cinq ans.

— ...

— Il y a deux espèces d'éléphants, ceux d'Asie et ceux d'Afrique.

— ...

— Impossible de les confondre! L'éléphant d'Afrique est beaucoup plus grand : le mâle atteint près de quatre mètres au garrot, soit plusieurs centimètres de plus que son cousin d'Asie. Ses oreilles, qui font presque deux mètres sur deux, sont plus grandes que celles de l'éléphant d'Asie.

— ...

— Les oreilles de l'éléphant servent d'éventail et permettent à l'animal d'abaisser sa température.

— ...

— Oui... elles sont aussi utilisées pour effrayer l'ennemi et pour chasser les mouches. Leur fonction essentielle demeure cependant de rafraîchir le pachyderme.

— ...

— Tu sais, Timothée, les éléphants d'Asie vivent en forêt, là où il y a de l'ombre. C'est pourquoi leurs oreilles sont de moindre envergure. Leurs cousins d'Afrique, eux, vivent dans les savanes, où ils sont plus exposés aux fortes chaleurs. Leurs oreilles sont donc plus grandes.

— ...

— D'autres différences? Chez l'éléphant d'Afrique, la femelle, comme le mâle, est pourvue de défenses. Chez l'espèce asiatique, seuls les mâles en sont dotés.

— ...

— Le front de l'éléphant d'Afrique est bombé. Celui de son cousin est concave.

Tibérius tend l'oreille.

— La trompe? Elle permet à l'éléphant de se nourrir.

— ...

— À trente ans, un éléphant d'Afrique peut mesurer trois mètres et peser quatre tonnes. Avec cette taille, et sans trompe, il lui serait très difficile de se nourrir.

— ...

— C'est ça. Sa trompe lui permet, entre autres choses, de porter la nourriture à sa bouche. Sans elle, l'énorme animal serait contraint de s'agenouiller pour ramasser l'herbe, et les hautes branches lui seraient inaccessibles.

— ...

— Il n'y a pas de quoi, Timothée.

Tibérius baisse les yeux sur sa tasse et constate qu'il a laissé refroidir son chocolat.

Dressés et caparaçonnés, les éléphants constituèrent les premiers chars d'assaut. En 280 av. J.-C., Pyrrhus, roi d'Épire, les utilisa contre l'armée romaine à la bataille d'Héraclée. Grâce à l'effet de surprise que produisit l'arrivée des éléphants, il remporta la victoire contre les Romains.

Quel est le pays le plus chaud?

— Desdémone! Apporte-moi un verre d'eau, s'il te plaît, je meurs!

— Mais non, tu ne meurs pas! Tout le monde a chaud, il fait trente-trois degrés...

— Je n'en peux plus! Je vais m'enfermer dans la cave, crie Cassandre, la petite sœur de Desdémone.

— Tu n'as pas le droit d'y aller toute seule. Accompagne-moi chez Cyrus. Tu seras bien dans son jardin.

Desdémone traîne sa sœur chez Cyrus.

— Vous prendrez bien une limonade? leur demande celui-ci dès qu'il les voit passer sous les troènes.

— Oh oui! s'écrie Cassandre.

— Elle a toujours l'air de mourir quand il fait chaud, ne vous inquiétez pas, glisse Desdémone à l'oreille de Cyrus.

— Il ne faudrait pas qu'elle vive à l'équateur! répond Cyrus.

— C'est là qu'il fait le plus chaud?

— Tu sais ce qu'est l'équateur?

— C'est un pays, répond Desdémone.

— C'est un pays, mais c'est autre chose...

— La ligne du milieu de la Terre!
s'écrie Desdémone.

— Oui, l'équateur est cette ligne ima-
ginaire qui fait le tour de la Terre en son
milieu. L'équateur partage le nord et le
sud. C'est une ceinture qui suit la circon-
férence de la Terre d'est en ouest.

— Et c'est là qu'il fait le plus chaud?
demande la petite en regardant du coin
de l'œil sa sœur qui somnole dans le
hamac.

— C'est là que les rayons du Soleil
frappent le plus fort. Attends que je te
montre.

Cyrus entre dans la maison et en ressort
aussitôt avec un globe terrestre.

— Tu vois ces deux lignes de chaque
côté de l'équateur? C'est, au nord, le
tropique du Cancer et, au sud, celui du
Capricorne. C'est entre les deux tropiques
qu'il fait le plus chaud. Et les températures
de ces régions sont constantes tout au
long de l'année.

— Il fait aussi chaud l'hiver que l'été?
demande Desdémone.

— Il n'y a ni hiver ni été, en fait, précise Cyrus. Là, les rayons du Soleil
touchent la Terre en formant un angle de
quatre-vingt-dix degrés. En d'autres points
de la Terre, les rayons nous parviennent

de plus en plus en diagonale, à mesure qu'on va vers les pôles.

— Nommez-moi, Cyrus, les pays les plus chauds....

— Regarde entre les tropiques. Tu vas les découvrir toi-même.

Desdémone se penche sur le globe terrestre.

— Le Zaïre, le Kenya, le Brésil... la Colombie aussi, tiens! Cyrus, il y en a des tonnes de pays dans cette zone-là!

— N'oublie pas, Desdémone, que les températures varient selon que le pays est situé sur le bord d'un océan ou en plein milieu d'un continent. Cela entraîne des différences de température assez marquées. Mais il n'en demeure pas moins

latitude

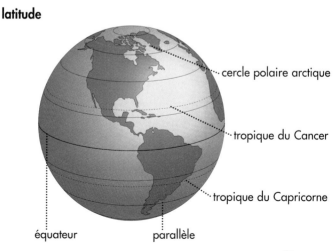

cercle polaire arctique

tropique du Cancer

tropique du Capricorne

équateur   parallèle

que tous les pays que tu trouves de part et d'autre de l'équateur font partie des pays les plus chauds de la Terre.

— Cassandre n'y mettra jamais les pieds, j'en suis certaine !

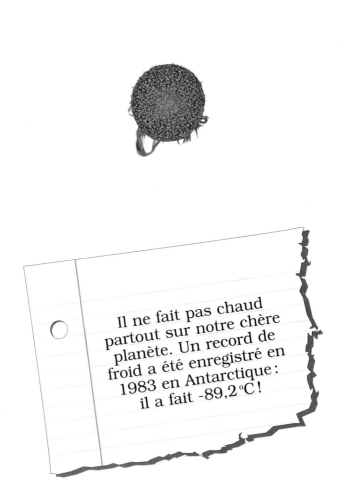

Il ne fait pas chaud partout sur notre chère planète. Un record de froid a été enregistré en 1983 en Antarctique : il a fait -89,2 °C !

Qui a été assez fou pour inventer la cigarette?

— Tibérius, mon garçon, ton visage est vert pomme.

— Je suis malade, oncle Cyrus.

Affalé sur le divan du salon, le gamin ose à peine bouger la tête.

— J'ai fumé, tonton.

— On fait tous cette expérience-là un jour ou l'autre. Ça va passer.

— Oncle Cyrus? Qui a été assez fou pour inventer la cigarette?

— On peut dire que le tabac a été découvert par Christophe Colomb en même temps que l'Amérique. Quand je dis découvert, c'est bien sûr d'un point de vue européen.

— S'il vous plaît, tonton Cyrus, soyez plus clair.

— Le tabac est une plante originaire d'Amérique, comme

la tomate, le maïs ou la pomme de terre. Les indigènes en faisaient depuis longtemps usage.

— Ah oui?

— À l'arrivée de Christophe Colomb, on fumait la pipe et le cigare en Amérique du Nord et en Amérique centrale. Tout comme on chiquait et on prisait en Amérique du Sud.

— Ça me donne mal au cœur!

— Les Incas, les Mayas et les autres civilisations précolombiennes connaissaient les vertus euphorisantes, relaxantes et stimulantes des feuilles de tabac, qu'on employait comme plante médicinale.

— Une plante médicinale qui rend malade!

— La belladone et la digitale aussi sont des plantes médicinales. Utilisées à mauvais escient, elles peuvent néanmoins causer la mort.

— Le monde est bizarre.

— Revenons à Christophe Colomb. À son arrivée en Amérique, le 12 octobre 1492, il jette l'ancre devant une île qu'il baptise aussitôt San Salvador. Il envoie à terre deux marins en éclaireurs. Ceux-ci rapporteront y avoir rencontré beaucoup d'Indiens, hommes et femmes, tenant entre leurs lèvres «un petit tison allumé, composé d'une sorte d'herbe dont ils aspiraient le parfum».

— Les Amérindiens seraient donc les inventeurs de la cigarette?

— Ces petits rouleaux de tabac étaient, en fait, plutôt des cigares que des cigarettes. C'est un des marins de Colomb, un Portugais du nom de Sancho, qui passe pour être le premier Européen à avoir fumé une feuille de tabac roulée.

— Et qui l'a fait connaître?

— Un compagnon de Sancho, le marin espagnol Rodrigo de Jerez, introduisit par la suite le tabac en Espagne. De retour à Séville, il faillit d'ailleurs être interné, car on le croyait fou.

— Je comprends! admet Tibérius.

— Je t'ai dit qu'alors on fumait surtout des feuilles de tabac roulé. Des cigares, en fait. La cigarette, telle qu'on la connaît de nos jours, est plus récente.

— Savez-vous qui l'a inventée, tonton?

— Ce sont les pauvres de Séville qui, au XVIe siècle, en ont eu les premiers l'idée : ils roulaient dans un petit cylindre de papier le tabac des mégots de cigares qu'ils trouvaient dans les rues.

— Pouah!

— L'usage de la cigarette s'est ensuite répandu au Portugal, en Italie, en Angleterre, en France, en Russie et dans le reste du monde.

— Merci, oncle Cyrus, dit le neveu. En ce qui me concerne, l'aventure se termine ici!

Le cigarettotype, première machine à confectionner les cigarettes, est l'invention du Français Le Maire. Quant à la première fabrique industrielle de cigarettes, elle fut fondée à La Havane en 1853.

Pourquoi les chats aiment-ils manger de l'herbe s'ils la vomissent après?

— Mais Victor, s'écrie Cyrus, ce n'est pas mon anniversaire!

— Non, mais c'est le sien. Quatre mois!

Avec un sourire ravageur, Victor soulève le satin bleu recouvrant le cadeau qu'il vient d'apporter à Cyrus. Dans une boîte ronronne une petite chatte rousse. Aussitôt, Gratte-Bedaine s'approche, curieux.

— Victor! C'est vraiment pour moi? demande Cyrus, tout ému. Hier soir, je confiais à Gratte-Bedaine mon désir d'avoir un chat...

— C'est une chatte! précise Victor. Ma chatte a eu deux bébés, mais ma mère refuse de les garder.

— Je la comprends! C'est une vraie ménagerie, chez toi! dit Cyrus en riant. Des chats, des poissons, des cochons d'Inde, des oiseaux...

— ... et ma couleuvre Plus! ajoute Victor. Ça vous fait plaisir, Cyrus?

— Énormément, dit le savant. Elle s'appellera Alice, si tu es d'accord.

— Alice, c'est joli, approuve le petit.

— Mon cher Gratton, voici Alice! déclare Cyrus. Tu seras gentil?

Cyrus fait sortir la petite chatte de sa boîte et la pose devant Gratte-Bedaine qui, aussitôt, se met à la lécher doucement.

— Cyrus, vous connaissez bien les chats? s'inquiète tout à coup Victor.

— Ne t'en fais pas. J'ai même dans ma bibliothèque une douzaine de livres sur leur comportement.

— Pourriez-vous me dire alors pourquoi les chats mangent de l'herbe? Ils mangent et mangent et mangent et, ensuite, ils vomissent toute l'herbe qu'ils ont avalée...

— Les chats broutent de temps à autre de l'herbe fraîche et ils ont besoin de le faire. Par plaisir et par nécessité.

— Expliquez-moi...

— Les chats avalent du poil en se lavant. Lorsqu'ils mangent de l'herbe, ils ne la digèrent pas. L'herbe doit ressortir par où elle est venue, et elle entraîne avec elle les boulettes de poil que le chat avait dans l'estomac.

— Comme si le chat prenait un médicament pour les maux d'estomac! s'écrie Victor.

— C'est un peu la même chose. L'herbe

stimule la digestion du chat. Parfois, c'est uniquement par plaisir que le chat va manger de l'herbe. Et il ne mange pas n'importe quoi!

— Ah non?

— Tu observeras bien tes chats. On dirait qu'ils recherchent une odeur ou une saveur particulières, alors ils font le tri parmi les brins de verdure qui s'offrent à eux. Tu as déjà entendu parler de l'herbe à chat?

— Non.

— C'est une plante qui se nomme cataire. Elle dégage une odeur forte très prisée par les chats. Tu peux en cultiver dans ton jardin et la mettre en pot l'hiver pour que tes chats en profitent toute l'année.

— Sauf que l'hiver, mes chats vont vomir dans la maison! dit Victor.

— Ne t'inquiète pas, ils iront faire ça dehors...

Tout le temps qu'ont duré ces explications, Cyrus n'a pas quitté de l'œil Alice et Gratte-Bedaine.

— Regarde-les tous les deux, murmure Cyrus à Victor. On dirait qu'ils se connaissent depuis longtemps. Gratton a toujours aimé les chats.

— Et comme Alice ne savait pas ce qu'était un chien, poursuit Victor, elle n'a pas peur et elle se laisse lécher.

— Il lui servira de mère! déclare le savant.

Les chiens mangent aussi de l'herbe. La plupart des animaux sauvages ont besoin de varier leurs habitudes alimentaires, tout comme nous, d'ailleurs!

Pourquoi y a-t-il tant de naufrages dans le triangle des Bermudes?

— Gratte-Bedaine fait un merveilleux gardien, remarque Tibérius.

Il observe le gros saint-bernard qui se laisse mordiller les oreilles par la petite Alice.

— Ce chien a une patience d'ange, admet Cyrus. Que lis-tu, Tibérius?

— Oh, un article sur le triangle des Bermudes. C'est tout de même étrange, toutes ces disparitions concentrées dans cette région du monde, vous ne trouvez pas?

— En effet, admet Cyrus.

— Où se situe ce fameux triangle?

— Dans l'Atlantique. Les trois pointes du triangle sont formées, en gros, par la Floride, les Bermudes et Porto Rico.

Tibérius se lève et revient bientôt avec un grand atlas.

— Combien y a-t-il eu de disparitions dans cette zone?

— Depuis le début du siècle, il y a des dizaines d'avions et de navires qui ont disparu. On estime à plus d'un millier le nombre des victimes.

— Jamais retrouvées?

— Disparues sans laisser la moindre trace. D'où le mystère. C'est comme si elles s'étaient brusquement volatilisées!

— Mais pourquoi tant de naufrages à cet endroit?

— Certains optent pour une explication rationnelle : plus de quatre-vingts pour cent du trafic mondial passe par le triangle ou les régions avoisinantes.

— Il serait donc normal que le nombre d'accidents y soit plus élevé qu'ailleurs, c'est ça?

— Oui. C'est aussi un endroit où se forment soudainement des tempêtes et cyclones redoutables.

— Brrr!

— On sait aussi, poursuit le savant, que le Gulf Stream passe dans le triangle. C'est un courant très violent, dont les eaux rapides peuvent très vite faire disparaître toute trace d'accident... Voilà pour l'explication rationnelle.

— Et l'autre, oncle Cyrus, celle qui l'est moins?

— Le mystère du triangle des Bermudes a véritablement pris naissance lors de la disparition du vol 19, parti de Fort Lauderdale le 5 décembre 1945.

— Le vol 19?

— Un vol d'exercice, effectué par des élèves de l'école de l'armée de l'air américaine, accompagnés de deux pilotes d'expérience.

— Et?

— Moins de deux heures après le décollage, le lieutenant Charles Carroll Taylor, responsable de vol, a signalé que ses instruments de bord étaient hors d'usage et qu'il ne savait plus où il se trouvait.

— Qu'est-il arrivé?

— Aucun des cinq bombardiers, tous incapables de s'orienter, n'a pu regagner sa base. À court de carburant, ils se sont probablement abîmés en mer. On n'a jamais retrouvé de traces des hommes ou des appareils.

— D'où la croyance aux O.V.N.I.?

— Certains croient que le triangle recèle certains couloirs utilisés par les visiteurs d'outre-monde.

— Les navires et les avions disparus se seraient en fait volatilisés dans ces couloirs invisibles?

— Oui, répond Cyrus.

— Vous y croyez, vous?

— Comme le disait Shakespeare : «Il y a plus de choses sur la terre et dans le ciel qu'on ne peut l'imaginer.»

De tout temps, les marins ont été superstitieux. Ceux de l'Atlantique ne prononçaient jamais le mot «cochon», de crainte de déclencher un temps du même nom! Pour en parler, ils utilisaient une métaphore, par exemple «queue en tire-bouchon».

Quel est l'animal qui court le plus vite?

— Éva! crie Cyrus de sa bibliothèque. Arrête de courir comme ça!

Mais Éva passe en trombe sans s'arrêter devant la fenêtre de Cyrus. Celui-ci sort aussitôt, bien résolu à intercepter la sprinteuse à son prochain passage.

— Reprends ton souffle! Qu'est-ce que c'est que cette course folle?

— J'essaie... j'essaie, dit-elle sans pouvoir poursuivre sa phrase.

— Attends-moi, je vais te chercher un verre de jus. Framboise?

Éva approuve de la tête. Lorsque Cyrus revient, Éva peut enfin s'expliquer.

— J'établis un record de vitesse!

— Lequel?

— Comment lequel? J'essaie de courir le plus vite possible, c'est tout!

— Je t'appellerai «mon petit guépard»! dit Cyrus en riant.

— C'est lui le plus rapide?

— Parmi les quadrupèdes! Comme il vit dans la savane africaine, en terrain plat donc, il a tout l'espace qu'il lui faut pour courir.

— Ce qu'il ne pourrait pas faire en forêt! précise Éva.

— Contrairement aux autres félins, le guépard possède des griffes non rétractiles qui lui permettent de bien s'agripper au sol. Il atteint quatre-vingt-dix kilomètres à l'heure. Il semble même que, sur de courtes distances, il puisse atteindre cent dix kilomètres à l'heure!

— Je n'atteindrai jamais cette vitesse-là, fait Éva dans un soupir.

— Les gazelles et les antilopes courent elles aussi très vite. Une espèce d'antilopes, appelée le springbok, court à quatre-vingt-quinze kilomètres à l'heure.

— Elle doit courir aussi vite que le guépard si elle ne veut pas se faire manger!

— Ces animaux se déplacent aussi vite qu'une voiture sur une autoroute!

Éva ouvre de grands yeux. Jamais elle n'a comparé la vitesse des animaux avec celle des voitures.

— C'est fabuleux! s'exclame-t-elle.

— Je te parle de la vitesse des animaux terrestres, mais savais-tu que certains passereaux peuvent voler à deux cents kilomètres à l'heure?

— C'est fou comme vitesse!

— Mieux encore! ajoute Cyrus. Le faucon pèlerin, en vol piqué, atteint des records de trois cent soixante kilomètres à l'heure.

Éva reste bouche bée.

— Même un insecte peut voler très vite. La libellule, par exemple, peut voler à soixante-quinze kilomètres à l'heure.

— Et dans l'eau, qui est le champion? demande Éva, que cet étalage de connaissances impressionne.

— Un cousin de l'espadon, un poisson appelé le voilier, remporte la médaille avec une vitesse de cent dix kilomètres à l'heure.

— Comme notre guépard de tout à l'heure...

— L'espadon lui-même nage à quatre-vingt-dix kilomètres à l'heure.

— Il me faudrait noter tout ça, Cyrus, sinon je vais oublier.

— Installe-toi dans la bibliothèque, il y a tout ce qu'il faut. Je te dicterai à mesure les records de chacun. Tu veux encore un peu de jus?

— J'en prendrai après. Je ne voudrais

pas renverser mon verre sur votre sous-main de cuir.

— Quelle délicatesse! s'exclame Cyrus. Non seulement tu cours vite, mais tu sais vivre, ma fille!

Chez les mammifères marins, le record de vitesse revient aux dauphins. Ils atteignent des vitesses de 64 km/h, mais leur vitesse de croisière se situe plutôt entre 30 et 40 km/h.

Comment est fait un miroir ?

— Nous ne sortirons jamais d'ici vivants ! se plaint Tibérius.

— Mais si, mais si. Ne paniquons pas, le rassure Cyrus. Après tout, c'est toi qui as insisté pour que nous visitions le labyrinthe de miroirs.

— Jamais je n'aurais cru que ce serait aussi difficile d'en sortir !

— Si on s'offrait une petite halte ? propose le savant.

Les deux visiteurs en profitent pour observer leurs multiples reflets et faire un concours de grimaces.

— De quoi est fait un miroir ? demande Tibérius.

— D'une plaque de verre polie, derrière laquelle on applique une mince couche de métal. L'étain est le métal le plus généralement utilisé. Mais on pourrait aussi se servir de l'or, de l'argent ou même du cuivre.

— Ça en augmenterait le prix !

— Tu sais, les premiers miroirs ont sans doute été les lacs et les étangs.

— Logique ! Mais qui a inventé le miroir tel qu'on le connaît aujourd'hui ?

— On ne sait trop. L'invention remonte

loin dans le temps. On sait que les Égyptiens fabriquaient des miroirs deux mille ans avant Jésus-Christ. Et peut-être as-tu entendu parler d'Archimède, ce savant grec de l'Antiquité?

— Euh...

— Il a vécu de 287 à 212 avant notre ère. Pourquoi rigoles-tu?

— Ça me fait toujours drôle d'entendre parler de vies qui se déroulent à l'envers.

— Je comprends. Archimède aurait aidé ses compatriotes à vaincre la flotte romaine qui assiégeait la ville de Syracuse en se servant de miroirs.

— Comment?

— Il a eu l'idée de concentrer la chaleur du soleil à l'aide d'une multitude de petits miroirs plans ayant l'effet d'un miroir concave. Il s'est servi de ces miroirs géants comme d'une loupe contre les navires ennemis.

— Pas bête.

— Pour comprendre l'effet de miroir, tu dois savoir que la plupart des corps réfléchissent en partie la lumière qu'ils reçoivent.

— Hum...

— Même un objet qui semble lisse peut être rugueux. Si on le regarde au microscope, on s'aperçoit que sa surface est composée de multitudes de surfaces qui réfléchissent la lumière dans tous les sens. Le miroir, lui, est parfaitement lisse. La couche de métal argenté qui recouvre la face interne de la plaque de verre réfléchit presque toute la lumière qu'elle reçoit du sujet. Elle le fait de manière si nette que toutes les formes sont scrupuleusement reproduites. C'est pourquoi elle te renvoie une image précise.

— Passionnant! Qu'en est-il des miroirs déformants?

— Leur surface est courbe, concave ou convexe. Ils réfléchissent tout aussi bien la lumière, mais ils modifient la forme de l'objet, ou de la personne, qui s'y mire.

— Ma mère déteste ces miroirs qui lui donnent l'aspect d'un tonneau, fait Tibérius en souriant.

— Mets-toi à sa place! Si on essayait de sortir, maintenant?

Cyrus et son neveu poursuivent leur marche vers la sortie.

— Regardez, tonton, à partir d'ici, des flèches nous indiquent le chemin à suivre!

— Mon pauvre Tibérius! s'exclame Cyrus. C'est sûrement une attrape! Ces flèches, dans un miroir, tu les vois à l'envers... Et là, plus loin, tu vois l'interdiction de faire demi-tour?

— Oui…

— C'est la réflexion d'une réflexion ! On ne peut même pas savoir où ne pas faire demi-tour…

— Nous sommes perdus, tonton…

— Mais non, mais non ! Ne t'en fais pas, ton vieil oncle te sauvera !

Selon la croyance populaire, quand on brise un miroir, on met fin à ses pouvoirs magiques. L'objet se vengera sur la dernière personne à s'y être mirée, en général celle qui le casse !

À quoi servent les sourcils?

Cyrus court se mettre à l'abri. Tout à coup, il voit venir Jean-Mo, mains tendues devant lui, comme quelqu'un qui marche dans la nuit.

— Jean-Mo! crie Cyrus.

Mais le tonnerre couvre sa voix.

— Jean-Mo! Ouvre les yeux!

— Oh, c'est vous! Allez vite vous mettre à l'abri, Cyrus, vous êtes tout trempé!

— Tu ressembles toi-même à une éponge! Que fais-tu sous l'orage?

— Une expérience...

— Encore! soupire Cyrus. Jean-Mo, tu vas y laisser ta peau! Tu passes ton temps à te mettre dans des situations impossibles! Et les voitures?

— Il n'y en a même pas!

— Ne discute pas! Tu m'expliqueras le but de ton expérience au sec.

Cyrus entraîne Jean-Mo dans la petite église gothique au bout de la rue.

— Explique-moi, maintenant!

La voix de Cyrus résonne étrangement sous la voûte.

— Je testais mes sourcils.

— Et quel est le résultat?

— Bien décevant.

— C'est-à-dire?

— Les sourcils doivent protéger les yeux, et ils ne font pas leur travail.

— Eh bien, mon cher, tu te trompes!

— J'en ai la preuve, Cyrus. J'ai lu dans un livre sur l'anatomie que les sourcils sont là, bien au-dessus de nos yeux, pour les protéger. Je vous jure qu'ils n'ont pas passé le test. Ni le droit, ni le gauche.

— Reprenons tout cela, veux-tu? Les sourcils ont bel et bien un rôle de protection. Ils empêchent la sueur de couler dans tes yeux.

— C'est juste, et je l'ai observé moi-même. Je me suis fait terriblement transpirer et ça a marché.

— Comment?

Mais, avant que Jean-Mo ait le temps de répondre, résonnent dans l'église les premières notes d'une fugue.

— Tiens, Anatoli est là! dit Jean-Mo.

Cyrus hausse le ton pour être entendu malgré l'orgue et malgré le tonnerre.

— Alors? demande-t-il.

— J'ai fait couler l'eau de la douche au plus chaud et je suis resté à côté, à transpirer comme un bœuf. Là, mes sourcils m'ont bien protégé les yeux.

— Jean-Mo, dit Cyrus, tu es assez intelligent pour constater que la quantité de sueur que tu exsudais n'a rien à voir avec le déluge qui nous tombait sur la tête!

— Évidemment, mais...

— Mais...? demande Cyrus.

— Mais j'aurais aimé que mes sourcils me protègent quand même.

— Jean-Mo, il faut savoir demander à notre corps ce qu'il peut nous donner. Prends l'exemple de ton crâne...

— ... qui sert à protéger le cerveau, poursuit Jean-Mo.

— Essaieras-tu de te faire tomber des blocs de béton sur la tête pour vérifier si ton crâne est solide?

— Non..., bredouille le garçon.

— Alors, sache utiliser chaque partie de ton corps de la bonne façon! dit Cyrus.

— D'accord, j'ai compris...

— Regarde-moi attentivement, Jean-Mo. Je fronce les sourcils. Sais-tu ce que ça veut dire?

— Ça veut dire que les sourcils parlent! répond Jean-Mo en riant.

— Sauf qu'ils ne rient pas, mes sourcils! Ils te disent que tu me fais fâcher avec tes expériences.

— Les sourcils sont encore plus utiles que je ne le croyais, ajoute Jean-Mo sans se laisser démonter.

— Sache que les sourcils peuvent aussi

protéger tes yeux de la pluie, mais que dans un tel orage, ils ne suffisent pas à la tâche. Sache aussi qu'on ne se promène pas sous l'orage les yeux aux trois quarts fermés, pour tester une paire de sourcils qui ont déjà été testés dans une salle de bain!

— Vous êtes vraiment fâché?

— Juste un peu, mais assez, répond le grand savant.

— Si on montait voir Anatoli? Ça aiderait vos sourcils à se remettre en place, Cyrus. Je les préfère moins froncés...

Au début du XVIIIe siècle, en Angleterre, la mode a voulu que les femmes se rasent les sourcils et qu'elles portent plutôt de faux sourcils faits de peau de souris!

Comment les hypnotiseurs font-ils pour hypnotiser les gens?

— Qu'est-ce que tu fabriques? s'exclame Cyrus, éberlué.

Agenouillé face à Gratte-Bedaine immobile comme un sphinx, Tibérius fixe intensément les yeux larmoyants du saint-bernard.

— J'essaie de l'hypnotiser.

— Mais pourquoi donc cherches-tu à hypnotiser ce pauvre animal? La petite Aline a déjà essayé...

— Parce que je veux l'aider. Depuis qu'Alice est arrivée dans la maison, ce chien n'est plus que l'ombre de lui-même.

— Gratte-Bedaine a sept ans! Il a l'âge d'un grand-père chien. Normal qu'il passe tous ses caprices à Alice.

— Ouais. Comment fait-on pour hypnotiser quelqu'un?

— Il existe plusieurs techniques. Disons, pour simplifier,

que les techniques ont deux points en commun.

— Lesquels?

— D'abord, capter l'attention du sujet.

— C'est ce que j'essayais de faire lorsque vous êtes arrivé...

— Je m'excuse de t'avoir dérangé.

— Il n'y a pas de mal, tonton. De toute manière, le sujet y mettait de la mauvaise volonté. Poursuivez.

— Il est donc essentiel de capter l'attention du sujet à hypnotiser. Tu sais, Tibérius, l'hypnose est utilisée par beaucoup de praticiens : des médecins, des dentistes, des psychiatres. Ce n'est pas seulement une curiosité de foire.

— Je sais, oncle Cyrus. L'hypnose, c'est sérieux.

Tibérius jette un coup d'œil entendu à Gratte-Bedaine, qui s'est assoupi.

— On cherche à capter l'attention du sujet pour éviter qu'il ne pense à autre chose. Une des méthodes consiste à lui parler d'une voix douce et monocorde.

— Je ne savais pas.

— L'hypnotiseur va parler de choses simples, banales et reposantes, qui ne requièrent aucun effort de la part du sujet. Il fait ainsi naître des images de vacances, de mer, de montagne, de plage.

— Je ne suis pas certain que cela ait un effet sur Gratte-Bedaine.

— L'hypnotiseur cherche à faire fermer les paupières de son sujet. Il peut le fixer dans les yeux...

— Exactement ce que je faisais!

— ... ou bien utiliser un objet brillant. Un stylo ou un petit miroir...

— En même temps, il continue de lui parler, je suppose? s'enquiert le garçon.

— Bien sûr. Il suggère au sujet que les muscles de ses yeux sont fatigués, que ses paupières sont lourdes, qu'il commence à avoir sommeil.

Perplexe, Tibérius observe Gratte-Bedaine.

— À partir du moment où le sujet n'est plus en mesure de garder les yeux ouverts, on peut considérer qu'il est en léger état d'hypnose. Reste à approfondir cet état, selon les besoins du thérapeute.

— Depuis quand connaît-on l'hypnose?

— C'est Paracelse, médecin et alchimiste suisse ayant vécu de 1493 à 1541, qui, le premier, fit des recherches sur l'hypnotisme.

— Oh!

— Mais c'est le médecin allemand Franz Anton Mesmer qui, à partir de 1774, se servit le premier de l'hypnotisme à des fins thérapeutiques.

— Regardez donc, tonton, dit doucement Tibérius. Notre bon Gratton s'est tout de même endormi...

— Notre conversation a eu un effet soporifique évident! dit Cyrus en riant.

C'est le Dr James Braid, un médecin anglais de Manchester, qui a créé le mot hypnotisme, à partir de la racine grecque *upnos*, qui signifie «sommeil profond».

Quel est l'animal qui vit le plus longtemps?

— Quel âge avez-vous, Cyrus? demande Isidore le blond.

On l'appelle Isidore le blond, car dans la même rue que lui habite Isidore le brun. On n'aurait jamais cru que deux Isidore du même âge puissent habiter la même rue, mais c'est ainsi.

— Pourquoi mon âge?

— Parce que j'ai l'impression que vous n'en avez pas!

— Comment cela? insiste Cyrus.

— Eh bien, risque timidement Isidore, on dirait que vous avez toujours le même âge. Je vous connais depuis que je suis tout petit, et vous ne changez jamais...

— Parce que tu ne vois pas mes cheveux blanchir!

— Vous ne voulez pas me dire votre âge?

— Non. J'entretiens le mystère. En revanche, je peux te dire que Gratte-Bedaine a sept ans bien sonnés et qu'Alice n'a que quelques mois.

— Allez-vous vivre jusqu'à cent ans?

— Je voudrais bien, dit Cyrus en souriant. Tu vois, Isidore, l'homme est l'une des espèces qui vit le plus longtemps. Les humains ont une longévité possible de quatre-vingts à cent ans.

— Cela dépend de la façon dont ils vivent, précise Isidore.

— Bien sûr. Et des conditions dans lesquelles ils vivent.

— Et les animaux?

— Là aussi, tout dépend. Les oiseaux ne vivent pas très vieux, quoique les corbeaux puissent vivre plus de soixante ans. Les grands rapaces et les perroquets peuvent aussi vivre très longtemps.

— Est-ce vrai que les tortues sont les animaux qui vivent le plus longtemps?

— Oui, si on exclut les pogonophores...

— Les quoi?

— Attends un peu. Pour les tortues, tu as parfaitement raison. Certaines grosses tortues terrestres peuvent vivre jusqu'à deux cents ans, celles des îles Galapagos et celles des Seychelles, par exemple. Les tortues existent depuis à peu près deux cent vingt-cinq millions d'années.

— Et elles n'ont pas changé,

contrairement aux autres animaux !

— Presque pas.

— Et votre ponogofogono...

— Le pogonophore ! C'est un invertébré marin de l'océan Pacifique. Il vit dans un tube qu'il fabrique lui-même, avec ses propres sécrétions. Ce tube ne grandirait que de un millimètre tous les deux cent cinquante ans !

— Si j'étais un pogonophore, dit Isidore en éclatant de rire, j'aurais quelques milliers d'années !

— Un pogonophore dans un tube de un mètre a donc deux cent cinquante mille ans.

— Il ne déménage jamais ? Ce serait bien, pour se rajeunir ou tricher sur son âge ! plaisante Isidore.

— Le pogonophore ne change jamais de tube, donc il a l'âge de son tube et cela se mesure. Bizarre tout de même, cette nature ! dit Cyrus.

— Et les autres animaux ?

— Les poissons ne vivent pas plus qu'une cinquantaine d'années, et encore, pas tous les poissons ! Les mollusques, la même chose. Certaines larves d'insectes et certains vers vivent environ trente ans. Il paraît que, chez les anémones de mer, on trouve des centenaires.

— Vous ne voulez toujours pas me dire votre âge ? tente Isidore à tout hasard.

— Non. Mais si jamais tu le devines...

Il est assez difficile de déterminer l'âge des animaux. Quand on dit qu'un animal peut vivre jusqu'à tel ou tel âge, cela ne signifie pas que tous les animaux de cette espèce atteignent cet âge.

Comment s'éteignent
les volcans?

— Quelle catastrophe aujourd'hui? demande Tibérius à son oncle, assis devant la télé.

— Le Pinatubo fait encore des siennes.

— Le volcan des Philippines?

— Oui. Après être resté endormi pendant plus de six cents ans, il s'est de nouveau réveillé en 1991.

— Les volcans finissent-ils par mourir un jour?

— Oui, comme tout.

— Comment?

— Ils vieillissent lentement et s'éteignent petit à petit.

— Si vous m'expliquiez tout ça, mon oncle?

Cyrus coupe le son du téléviseur.

— Pour qu'une éruption se produise, il faut que le volcan ait accumulé beaucoup d'énergie. À un moment donné, la pression interne du volcan est si forte que la lave, les gaz et l'eau jaillissent de l'écorce terrestre.

— Comme une bouteille de champagne qu'on agite?

— Fiston, ton image est juste! Oui. La pression contenue dans le volcan à la veille d'une éruption est formidable. Tu sais que les plaques lithosphériques sont en mouvement?

— Les plaques qui soutiennent les continents?

— Oui. Quand une de ces plaques passe sous une autre, elle s'enfonce dans la masse de matériaux en fusion sur laquelle flottent les plaques. Une fois enfoncée dans cette fournaise, elle finit par fondre et libère de la vapeur d'eau. La vapeur d'eau mélangée à la silice constitue une mixture hautement explosive. Ce mélange emprisonne les bulles de vapeur jusqu'à ce que la pression devienne si forte que tout explose avec une immense violence.

— C'est alors que se produit l'éruption volcanique?

— Tu as tout compris.

— Et après l'éruption?

— Le volcan poursuit sa vie souterraine. Il émet des gaz et de la vapeur. Certaines régions volcaniques, comme l'Islande, sont réputées pour leurs sources chaudes et leurs geysers.

— Mais comment meurt un volcan?

— Avec le temps, l'énergie contenue à

l'intérieur du volcan diminue. Par conséquent, la pression interne diminue aussi.

— Et le volcan s'éteint?

— Oui, quand il n'a plus assez d'énergie. Au fil des ans, la lave se refroidit au contact de l'air et durcit, obstruant ainsi les fissures et la cheminée du volcan.

— Un volcan mort n'entre plus jamais en activité?

— En principe, non. Mais, vois-tu, certains volcans peuvent vivre des millions d'années. Ils semblent endormis et, un beau jour, se réveillent de nouveau.

— Comme le Pinatubo.

— Oui.

— Qu'est-ce qui fait qu'un volcan vit longtemps? demande Tibérius.

— Cela dépend de sa taille : plus il est grand, plus il vit vieux. Cela dépend aussi du type de volcan, de la composition du magma, de l'endroit où il est situé. Le volcan s'éteint lentement, le nombre et la violence de ses éruptions diminuent avec les années, voire avec les siècles.

— Oncle Cyrus?

— Hum...

— Serait-il juste de dire qu'un volcan meurt à petit feu?

Qui fut le premier volcanologue?
Empédocle d'Agrigente, qui vécut
en Sicile au Vᵉ siècle avant notre ère.
Le philosophe et naturaliste grec fit
ses recherches en observant l'Etna,
ce volcan sicilien qui est toujours
le plus actif d'Europe.

Comment fait-on parler
une perruche?

— Écoutez, Cyrus! Je crois vraiment que Paloma est tarée! lance Nana, fâchée.

— Nana! dit Cyrus. Qui est Paloma?

— La perruche de ma sœur!

— Et pourquoi la traites-tu de tarée?

— Parce qu'elle ne parle pas!

— Nana! As-tu déjà remarqué que Gratte-Bedaine parle?

— Quoi? s'écrie Nana. Gratton sait parler? Qu'est-ce qu'il dit, Cyrus?

— Il ne dit rien avec des mots, mais il parle à sa façon! Je comprends très bien qu'il veut manger, qu'il veut de l'eau, qu'il veut sortir, qu'il est mécontent... Les animaux ont leur langage. S'ils ne parlent pas, c'est que, dans la plupart des cas, ils n'ont pas de cordes vocales.

— Sinon, ils pourraient nous parler?

— Calme-toi un peu. Seuls les mammifères, en excluant les cétacés, possèdent des cordes vocales. Mais la structure de leur appareil vocal ne leur permet pas de parler comme nous. Si Gratton pouvait parler, il aurait à peu près le même langage qu'un enfant de trois ans.

— Ce serait extraordinaire! Oh! mon Gratton! Viens ici!

Gratte-Bedaine se couche sur les pieds de Nana.

— C'est vrai qu'il comprend bien!

— Tu as déjà vu des chimpanzés?

— À la télévision, oui, dit Nana.

— Le chimpanzé a l'intelligence moyenne d'un enfant de cinq ans et est donc plus intelligent que le chien. Il n'a pas ce qu'il faut pour articuler comme nous. Cependant, si tu enseignes à un chimpanzé le langage des sourds-muets, il pourra maîtriser plusieurs mots.

— C'est vrai? s'étonne Nana.

— Oui. Quelqu'un m'a même raconté une chose assez surprenante. Un chimpanzé, voulant nommer une bague et ne connaissant pas ce mot, a dit, en langage gestuel, une «ceinture de doigt». Il connaissait le mot «ceinture» et le mot «doigt».

— Et les perruches, Cyrus?

— Chez les perruches, c'est différent. Elles n'ont pas de cordes vocales. Elles utilisent leur gorge et leur langue pour imiter des sons, mais elles n'ont pas ce qu'il faudrait pour parler vraiment.

— Mais elles parlent! réplique Nana.

— Sans savoir ce qu'elles disent, sans comprendre ce qu'on leur dit, alors que Gratte-Bedaine comprend beaucoup de choses. Toutes les perruches ne parlent pas. Seulement une sur dix, semble-t-il.

— Et pour la faire parler, comment dois-je m'y prendre? demande Nana.

— Tu lui répètes un mot plusieurs fois par jour, doucement, gentiment, pour qu'elle sente que ça vaut la peine. Si tu lui parles fort, elle aura peur.

— Elle pourra dire n'importe quoi?

— Elle peut apprendre à peu près quatre-vingts mots.

— Mais il faut une énorme patience!

— Une énorme patience, en effet! Commence par essayer et tu verras bien.

— Si c'est une perruche qui ne parle pas? s'inquiète tout à coup Nana.

— Tu la laisseras tranquille et tu viendras faire la conversation avec Gratton...

— Ou avec vous! dit Nana avec un sourire moqueur.

Les oiseaux possèdent
une forme d'intelligence
moindre que celle
de l'homme, mais d'une
nature identique.
Il semble qu'ils pensent
de la même façon que nous.

Pourquoi les oignons font-ils pleurer?

— Au secours! Je vais mourir!

Cyrus se précipite dans la cuisine, d'où proviennent les cris de détresse.

— Que t'arrive-t-il, mon garçon? demande-t-il à son neveu.

Il est tout de suite rassuré lorsqu'il voit celui-ci, se lamentant au-dessus du sac d'oignons qu'il a entrepris d'éplucher.

— C'est toi qui as eu l'idée de cette tarte à l'oignon, dit le savant.

— C'était une idée ridicule! Ça brûle, oncle Cyrus.

— Passe-toi vite les mains et le visage à l'eau et viens me rejoindre dans le jardin.

Tibérius retrouve bientôt son oncle.

— Ça va mieux? lui demande ce dernier, compatissant.

— Un peu, oui. Mais pourquoi les oignons nous font-ils pleurer autant?

— Parce qu'ils contiennent une substance sulfurée, hautement irritante, appelée sulfo cyanure d'allyle.

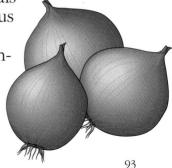

— Du cyanure! s'écrie Tibérius, horrifié. Je vais perdre la vue!

— Mais non, mais non, rassure-toi. On en trouve aussi dans l'ail, le poireau, l'échalote.

— Et on en mange!

— L'oignon est un des plus anciens légumes de la terre. On le cultivait déjà en Mésopotamie, il y a quatre mille ans. L'oignon est souvent représenté dans les tombeaux égyptiens.

— J'ai toujours trouvé les humains un peu bizarres, souligne Tibérius.

— Quand tu épluches un oignon, tu libères l'huile soufrée qu'il contient. Son acidité irrite les terminaisons nerveuses de la conjonctive, le tissu transparent qui recouvre l'œil et le protège.

— Je vous vois venir, oncle Cyrus. Quand on dit: «irritation des terminaisons nerveuses», on dit aussi «message envoyé au cerveau».

— Tibérius, mon gars, tu es digne d'être mon neveu! Le cerveau reçoit effectivement le message d'irritation et réagit aussitôt en envoyant, à son tour, un message aux glandes lacrymales.

— Qui produisent les larmes.

— Elles ont pour tâche de chasser l'intrus et humectent nos yeux en permanence.

Normalement, ce liquide est évacué par les canaux lacrymaux. Lorsque tu épluches des oignons, les larmes sont trop abondantes pour être évacuées par les canaux.

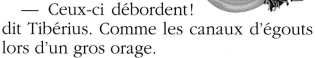

— Ceux-ci débordent! dit Tibérius. Comme les canaux d'égouts lors d'un gros orage.

— Exactement. Les larmes ruissellent alors sur tes joues.

— C'est le déluge!

— Le composé sulfuré des oignons n'a pas pour seul but de nous faire pleurer.

— Ah non? s'étonne Tibérius.

— On pense que ce serait un mécanisme de défense que la plante aurait développé contre les insectes.

— Ou les prédateurs dont nous faisons partie! dit le garçon. Il n'y a pas moyen de déjouer le système de défense des oignons?

— Il suffit d'éplucher les oignons sous un filet d'eau. Celui-ci emportera la majeure partie de l'huile sulfurée, et tu pleureras moins.

— C'est simple, remarque Tibérius.

— Élémentaire.

— Oncle Cyrus? Pourquoi ne pas me l'avoir dit plus tôt?

Les Romains connaissaient déjà l'échalote, qu'ils appréciaient beaucoup. Ils la nommaient ascalonia caepa, ce qui voulait dire oignon d'Ascalon, une ville d'Israël. Déformé par l'usage, le mot a donné échalote.

Est-ce que les plantes carnivores existent?

— ... et quand l'affreux capitaine Mox voudra couper les cheveux de la princesse, il perdra pied, tombera dans la tourbière à des mètres sous lui et sera avalé par une plante carnivore qui le digérera en quelques secondes. Et là on pourra voir le mot «fin», et...

— ... et on verra en lettres d'or sur l'écran : scénario original de Joachim Vernault.

— Vous avez remarqué, Cyrus, dit Joachim, que j'ai les mêmes initiales que Jules Verne?

— La prétention est un vilain défaut, Joachim! Mais j'aime bien quand tu rêves ainsi à ton avenir, ajoute Cyrus avec un bon sourire.

— Je voulais vous demander quelques renseignements sur les plantes carnivores. Je voudrais que mon scénario soit parfaitement crédible.

Cyrus éclate de rire. La chatte Alice sursaute, ouvre les yeux et décide d'aller se coucher à côté de Gratte-Bedaine.

— Joachim!
Que ton scénario
soit crédible, d'ac-
cord. Mais les plantes
carnivores capables de
dévorer ton capitaine
Mox n'existent pas encore!

— Je sais bien, rétorque
Joachim, vexé. Je ne suis pas
bête à ce point. Mais je tiens à ce
que ma plante carnivore se comporte
comme une vraie! Voilà!

— Tu as déjà vu de vraies plantes carnivores? demande Cyrus.

— Non. Je pensais même qu'elles
n'existaient que dans les livres de science-
fiction.

— Sache qu'il y en a plus de cinq
cents espèces.

— Oh! fait Joachim.

— Elles poussent généralement dans
des marécages où le sol est très acide et
pauvre en azote et en sels minéraux.

— Elles sont devenues carnivores
parce qu'elles n'avaient pas assez à
manger?

— C'est un peu ça. Remarque qu'elles
se nourrissent également comme les
autres plantes, par photosynthèse, utilisant
la lumière, l'eau et le dioxyde de carbone.

Mais elles ajoutent à leur régime un supplément alimentaire.

— Elles mangent vraiment? demande Joachim.

— Absolument. Elles sécrètent des sucs et des acides, un peu comme le fait notre estomac, et elles digèrent lentement les proies qu'elles ont capturées.

— Mais elles n'attrapent que des insectes, tout de même!

— En règle générale, oui. Mais on trouve, dans l'île de Bornéo, le népenthès, assez gros pour avaler un rat de petite taille!

— Alice! crie Joachim. Ne va jamais dans cette île-là! Tu serais mangée toute crue!

— Je te prêterai un livre sur ces étranges plantes, dit Cyrus. Tu trouveras tout ce qu'il te faut pour la fin de ton film...

— Ce sont de véritables pièges, ces plantes carnivores! J'aimerais en choisir une qui fait vraiment peur, si on la grossit à l'échelle humaine...

— Je crois que la dionée fera ton affaire, dit Cyrus. Viens, je vais te montrer. C'est un livre fabuleux! Et une dionée gigantesque, fabriquée par des accessoiristes de métier, digérera sûrement ton capitaine Mox!

La droséra capture les insectes grâce à des poils enduits d'un liquide collant. La sarracénie pourpre, en forme d'entonnoir, digère ceux qui ont glissé dans sa corolle. L'utriculaire d'eau attire ses proies avec du mucus et du sucre et les emprisonne dans des petits sacs. La dionée possède deux feuilles à épines qui se referment sur l'insecte imprudent. Le népenthès attend les insectes qui tombent par erreur dans sa corolle en forme d'urne.

Est-ce vrai que les chauves-souris sont les seuls mammifères volants?

— Filles de la nuit, elles ne détestent que les lumières, et, du frôlement de leurs petits châles funèbres, elles cherchent des bougies à souffler.

— Pardon, oncle Cyrus?

— C'est ainsi que Jules Renard, l'auteur de *Poil de Carotte*, parlait des chauves-souris.

— Nos seuls mammifères volants!

— Oui. Parmi les quelque quatre mille trois cents espèces de mammifères, la chauve-souris est la seule capable de voler.

— Et les écureuils volants?

— Ils planent d'arbre en arbre, ils ne volent pas véritablement.

— Parlez-moi un peu plus des chauves-souris, demande Tibérius. Vous les aimez beaucoup, puisque vous leur construisez des abris.

— Les chauves-souris sont des animaux fascinants et très utiles. La plupart sont insectivores, d'autres sont frugivores.

— Pas carnivores?

— Certaines, plus rares, se nourrissent d'oiseaux, de grenouilles ou de poissons.

— Vous dites qu'elles sont utiles. Elles ont pourtant mauvaise réputation. Songez aux vampires!

— Elles sont utiles parce qu'elles se nourrissent d'insectes.

— Moins nocives que les insecticides!

— Et plus efficaces, parce qu'elles sont sélectives. Les espèces frugivores jouent aussi un rôle dans la pollinisation.

— Je comprends mieux pourquoi vous bichonnez ces petites bêtes, oncle Cyrus! Je commençais à songer à vous comme à oncle Dracula...

— Très drôle, mon neveu. La chauve-souris est essentiellement nocturne. Pas étonnant qu'on l'associe aux démons de la nuit.

— Est-ce vrai qu'elles sont aveugles? demande Tibérius.

— Non. Certaines espèces insectivores sont très myopes.

— Comment arrivent-elles à se diriger dans le noir, alors?

— Grâce à un système d'écholocation

très perfectionné.
Un genre de sonar...

— Comme celui utilisé par les bateaux de guerre pour localiser la présence de sous-marins? demande Tibérius, que toutes ces choses intéressent.

— Par la bouche ou les narines, elles émettent des sons très aigus.

— Des ultrasons?

— Oui.

— C'est pourquoi on a l'impression que les chauves-souris sont silencieuses, dit Tibérius. On ne peut les entendre!

— Touché! Ces ultrasons, émis par l'animal en vol, se répercutent sur les objets solides qu'ils rencontrent. Leur écho permet à la chauve-souris d'éviter les obstacles et de localiser ses proies.

— Fascinant! s'enthousiasme Tibérius. Pourquoi dorment-elles la tête en bas?

— Pour voler, il faut être léger. Au fil de l'évolution, les pattes des chauves-souris se sont atrophiées au point de ne plus pouvoir supporter le poids de leur corps. Elles ont, en contrepartie, développé des griffes capables de les maintenir sans effort suspendues à un perchoir.

— Les aspérités d'une grotte, les branches d'un arbre, les abris de tonton Dracula...

— Rentrons, dit Cyrus. La nuit est fraîche!

Trois ans après le naufrage du <u>Titanic</u>, le physicien français Paul Langevin mit au point, en 1915, un système de détection des icebergs. Au cours des années 20, les Anglais baptisèrent ce système Sonar, abréviation de <u>SO</u>und <u>NA</u>vigation and <u>Ranging</u>. Il servit, au cours de la Deuxième Guerre mondiale, à détecter les sous-marins ennemis.

Quel jour de l'année peut-on voir des étoiles filantes?

Toute triste, Adèle s'assied au pied du grand pin, au fond du jardin de Cyrus.

— Ne reste pas là, ma biquette! crie Cyrus. Viens nous retrouver!

— Je voulais être toute seule... Mais Gratte-Bedaine m'a découverte!

— Il sait flairer les visiteurs, ce chien! Et pourquoi ce besoin de solitude? demande Cyrus de la cuisine.

— Parce que je suis triste! crie Adèle.

Cyrus sort aussitôt de la cuisine et va rejoindre la petite.

— Tout s'effondre, Cyrus! J'avais tellement hâte!

— Je sens que cela a quelque chose à voir avec ton anniversaire!

— Comment le savez-vous? s'étonne Adèle.

— Parce que c'est dans huit jours!

— C'est dans huit jours, et j'avais décidé de passer la soirée de la veille sur

la colline avec Fédor. Je voulais qu'on s'installe sur une grande couverture et qu'on regarde tomber la pluie.

— Comment sais-tu qu'il pleuvra?

— Pas la pluie-pluie! La pluie d'étoiles filantes! Il y en a toujours la veille de mon anniversaire, mais cette année on ne les verra pas.

— Je comprends. Tu as déjà invité Fédor?

— Non... Cyrus, gémit Adèle, la lune bousille tout!

— Je sais... La veille de ton anniversaire, ce sera la pleine lune. Le ciel sera bien trop clair pour qu'on puisse observer les étoiles filantes. Mais il y a d'autres moments de l'année où on peut observer le phénomène...

— Ah oui?

— Celles qui tombent entre le 23 juillet et le 23 août, avec un maximum le 12 août, ce sont les perséides. C'est une des plus importantes pluies d'étoiles. Il en tombe en moyenne entre cinquante et cent cinquante à l'heure. Vers le 13 décembre, tombent les géminides, au rythme de cinquante à cent étoiles à l'heure.

— Vous voulez dire que je pourrais me reprendre en décembre?

— Ce ne sera ni aussi chaud ni aussi

romantique que la veille du 12 août !

— Fédor n'est pas frileux ! rétorque Adèle. Et il a un super anorak bleu !

— Tu pourrais aussi observer les taurides. C'est une pluie plus faible : il ne tombe que quinze à vingt étoiles à l'heure.

— Elles tombent quand, celles-là ?

— Les taurides ? Du 30 octobre au 4 novembre, le plus fort de la pluie tombant le 2 novembre.

— Il y en a donc souvent ! remarque Adèle en souriant.

— En fait, il y a une dizaine de pluies d'étoiles filantes par année. Et même en dehors de ces moments-là, on peut observer cinq étoiles filantes à l'heure.

— Tout dépend de la fichue pleine lune !

— Comme tu dis ! À la nouvelle lune, les conditions d'observation sont en général très bonnes. À la pleine lune, ce sont les pires. De plus, il faut un ciel clair, sans nuages...

— Et il vaut mieux être à la campagne, et il faut ceci, et il faut cela..., ronchonne Adèle.

— C'est pour cela que les étoiles filantes sont si précieuses... Elles filent, elles passent, mais encore faut-il que nous puissions les voir ! dit Cyrus.

— Je crois que j'inviterai Fédor quand même. Au cas où nous en verrions au moins une. Ce sera la nôtre...

Les étoiles filantes ne sont pas des étoiles, mais bien des météores, faits de poussière et de débris de roches en suspension dans l'espace.

Pourquoi, quand on a le nez bouché, ne goûte-t-on plus les aliments?

— Ponjour, ongle Zyrus...

— Oh! fait le savant. Mon neveu est enrhumé ce matin.

— Je n'ai pratiguebent bas fermé l'œil de la nuit.

— J'achevais de déjeuner, dit Cyrus en repoussant la coquille vide de son œuf. Prendras-tu quelque chose?

— Un chocolat. Et des tartines, répond le garçon en s'essuyant le nez. De toute façon, quand on a le rhube, on ne goûte rien. Pourquoi?

— Parce que le nez est essentiel pour percevoir la saveur de la nourriture. La saveur, c'est la combinaison du goût et de l'odeur d'un aliment.

— Je groyais qu'on goûtait avec za langue, larmoie Tibérius.

— La langue perçoit les quatre nuances principales d'un goût, soit le salé, le sucré, l'acide et l'amer.

— Qu'y a-t-il d'autre à bercevoir?

— L'odeur. C'est grâce à notre nez que nous percevons cette autre dimension de la saveur. Quand on a le nez bouché...

— Par un rhube.

— Ou parce qu'on souffre d'anosmie, la perte partielle ou totale de l'odorat, seules les papilles gustatives de la langue sont stimulées. Nous ne percevons donc qu'une infime partie de la saveur de ce que nous mangeons.

— C'est bourquoi la nourriture nous zemble inzipide.

— Ton nez étant bouché, ta langue seule est incapable de différencier un morceau de pomme d'un morceau d'oignon.

— Je vous crois.

— Bien que nous n'en fassions que peu de cas, notre nez demeure un organe remarquable.

— Za dépend des dez, don?

— Non. Sache, petit effronté, que le nez nettoie chaque jour quinze mètres cubes d'air, l'équivalent de ta chambre.

— Ah pon!

— Été comme hiver, il maintient la température de l'air qu'il filtre à trente-cinq degrés et son taux d'humidité à quatre-vingts pour cent. En plus des poils qui tapissent l'intérieur des narines et qui servent à arrêter les poussières et les pollens, le nez sécrète un mucus qui retient les bactéries et les détruit grâce à un enzyme, le lysozyme.

— Il z'en basse des choses dans un dez! s'étonne Tibérius, qui se mouche bruyamment. Vous parliez d'anosmie, tout à l'heure...

— À la suite d'un accident, d'un rhume ou d'une exposition à des produits toxiques, certaines personnes perdent l'usage de l'odorat. Dans des cas moins fréquents, l'anosmie est héréditaire.

— Za doit être terrible d'être un handigapé nasal permanent!

— Cela pose de graves problèmes aux gens qui en sont atteints, admet l'érudit. Le nez sert aussi à nous avertir de certains dangers.

— Z'est vrai, za, dit le garçon. Z'il y avait le feu, je zerais incapable de détecter l'odeur de la fubée!

— Tu sais, ajoute Cyrus, les odeurs sont très liées aux souvenirs, donc aux émotions. Je songe à Proust, un écrivain français dont les souvenirs d'enfance affluaient à l'odeur des madeleines. Ce doit être ça, le plus terrible, quand on

111

souffre d'anosmie : ne pouvant plus percevoir l'odeur des madeleines, nous sommes coupés d'une part importante de nos souvenirs...

Le goût et l'odorat sont étroitement associés, car le cortex cérébral les interprète tous les deux ensemble. Ainsi, lorsqu'on est enrhumé, la nourriture nous semble insipide.

Est-ce vrai que des chanteurs d'opéra ont déjà fait éclater des verres en chantant une note?

Cyrus promène son cher saint-bernard, lorsqu'il remarque chez Gratton un curieux mouvement des oreilles.

— Qu'est-ce que tu entends, mon Gratton? demande Cyrus.

Gratte-Bedaine lève vers lui de pauvres yeux malheureux.

— Tu as mal! dit Cyrus.

Au même moment, le petit Léon sort de chez lui en courant.

— Cyrus! Cyrus! Ne restez pas là avec Gratte-Bedaine! Je fais une terrible expérience!

— C'est donc toi le responsable?

— Je vous ai vu passer devant chez moi et je suis venu vous avertir! J'essaie de fracasser un verre avec un son...

— Ta mère est là?

— Elle est dans la remise... Je n'ai pas pris un de ses beaux verres, ne vous en faites pas. J'ai choisi un ancien pot de moutarde.

— Oh, mon Léon! Tu veux que je t'explique quelque chose?

— Avant, je voudrais vous dire que quelqu'un l'a déjà fait. Je l'ai lu! dit le petit Léon.

— C'est exactement ce que je veux t'expliquer. On dit que certaines voix ont déjà fait éclater des verres. Mais je n'ai jamais entendu parler d'une voix qui aurait brisé un pot de moutarde...

— Mais du verre, c'est du verre! Vous ne pensez toujours pas que je ferais éclater le cristal de ma mère, qui lui vient de sa grand-mère!

— Justement, mon Léon! C'est un verre de cristal qu'il te faudrait.

— Ma mère ne voudra jamais!

— Je sais bien! Passe donc à une autre expérience.

— C'est vrai que je pourrais le faire avec un verre de cristal?

— Tu pourrais. Mais tu ne le feras pas, n'est-ce pas?

— N...on!

— On raconte que Caruso, célèbre chanteur italien, aurait fait éclater un verre. On dit aussi que Madeleine-Marie Robin, chanteuse coloratura française, l'aurait fait également. Est-ce que c'est vraiment vrai? Je n'en ai pas la preuve. Mais on sait que cette chère madame Robin a chanté un *si* au-dessus du *contre-ut*!

— Qu'est-ce que c'est ça?

— La note *si*, mais trois octaves plus haut que le *do* central du piano! C'est une note très aiguë.

— Moi, j'ai crié le plus fort et le plus haut que j'ai pu...

— Et tu as fait peur à Gratton! Léon, quand tu frappes un verre, qu'est-ce qui se passe?

— Si je le frappe fort, il se brise. Sinon, il fait un son.

— Ton verre possède donc une fréquence de résonance. Si tu émets un son qui a la même fréquence, le verre absorbe la fréquence. Il se met à vibrer, à vibrer, à vibrer de telle sorte qu'il éclate.

— C'est pour ça que le cristal est plus pratique! Parce qu'il est plus fragile!

— Exactement! Le même phénomène serait beaucoup plus difficile à obtenir avec un pot de moutarde.

— J'ai compris, Cyrus. Et, comme vous dites, je vais passer à une autre expérience. Que diriez-vous si je vous proposais d'essayer de marcher sur l'eau? J'ai lu que...

— Mon petit Léon, que dirais-tu d'un sorbet au cassis? Tu sais, l'expérience du cassis est une chose merveilleuse...

La voix humaine masculine a une portée de 180 m. Cela veut dire que, dans des conditions idéales et par beau temps, on peut entendre la voix d'un homme qui serait éloigné de 180 m.

Pourquoi les chiens tirent-ils toujours la langue ?

— Oncle Cyrus, je ne sais pas si Gratte-Bedaine survivra.

— Pourquoi es-tu aussi pessimiste, mon neveu?

Cyrus et Tibérius sont assis à l'ombre de la tonnelle. Même la citronnade glacée ne parvient pas à les rafraîchir.

— Mais regardez-le! Il a la langue longue de un mètre et il souffle comme un soufflet de forge.

— C'est normal, il vient de donner la chasse à Alice. Ce n'est plus vraiment de son âge.

— Pourquoi les chiens tirent-ils la langue, oncle Cyrus?

— Parce qu'il fait chaud ou qu'ils ont couru.

— Mais encore?

— Dis-moi, mon neveu : que se passe-t-il quand tu cours et qu'il fait chaud?

— Je transpire toute l'eau de mon corps, répond aussitôt Tibérius.

— Et pourquoi transpires-tu?

— Euh... Eh bien, parce qu'il fait chaud et que je cours! Oncle Cyrus, j'ai l'impression que vous me faites marcher.

— Mais non, mais non. Je te fais réfléchir, c'est différent. Sur cette planète, chaque être vivant possède une température corporelle idéale. Selon les espèces, celle-ci peut varier de moins deux degrés à plus cinquante.

— Je sais que chez l'être humain, la température idéale est de 37°C.

— Au-delà de ces limites thermiques, la vie des organismes est en danger. C'est pourquoi notre corps, s'il est en santé, régularise constamment la chaleur interne. Tu me suis?

— Très bien, tonton.

— Les animaux moins évolués, tels les reptiles, ne possèdent pas, comme nous ou comme Gratton, de thermostat interne. Quand il fait trop chaud ou trop froid, ils doivent rechercher les endroits frais ou ensoleillés.

— Et nous, nous avons un thermostat?

— Oui. Tous les mammifères

en ont un. Quand il fait trop chaud, notre corps, pour se refroidir, exsude de l'eau.

— La sueur?

— Oui. Ce processus d'évaporation d'eau consomme de la chaleur. Chez les humains, il se fait par les glandes sudoripares, dispersées sur la presque totalité du corps.

— Et chez les chiens? demande Tibérius.

— Chez eux, l'évaporation est produite par l'appareil respiratoire. Leurs glandes sudoripares ne leur servent plus.

— Voilà pourquoi ils halètent et tirent la langue lorsqu'ils ont chaud.

— Le halètement a un avantage sur la sudation, explique le savant.

— Lequel, oncle Cyrus?

— Il évite la déperdition de sel.

— C'est vrai, admet Tibérius. La sueur est salée. Mais regardez-le, pauvre Gratton. Il a l'air épuisé. Ce doit être tuant de haleter ainsi.

— Ta remarque est juste, fiston. Le halètement nécessite un travail musculaire très intense. Regarde : Gratte-Bedaine adopte un souffle rapide et court. En respirant superficiellement, il évite de faire trop travailler les muscles de sa cage thoracique. L'effort étant réduit, la production de gaz carbonique, toxique pour son organisme, l'est aussi.

— Il est mieux armé que je ne le croyais!

— Tu vois bien qu'il survivra!

Pour régulariser la chaleur interne de leur corps, les animaux ont mis au point différents systèmes. La gerboise, qui vit dans le désert, retourne se rafraîchir dans son terrier. Lorsqu'elle en sort, elle peut, malgré la chaleur torride, vaquer à ses nombreuses occupations.

Pourquoi, quand on retombe sur les pieds, ça nous résonne dans la tête ?

Jeanne a grimpé dans le pin à la vitesse de l'éclair.

— Alice ne ferait pas mieux! lui crie Cyrus. Mais descends, je t'en prie!

— Je ne suis jamais tombée! lance Jeanne.

— Descends tout de même! ordonne gentiment Cyrus.

Jeanne la téméraire empoigne une grosse branche et se laisse tomber.

— Aïe!

— Tu as mal?

— Je n'ai pas mal, dit Jeanne en se relevant. Mais tout résonne dans ma tête!

— Assieds-toi d'abord...

— Cyrus, la tête me tourne! Je...

Cyrus aide Jeanne à s'asseoir.

— Ça va mieux? demande-t-il.

— Oui, dit Jeanne en soupirant.

— C'est la dernière fois que je te prends à faire des acrobaties dans mes arbres. Inscris-toi à un cours de gymnastique, trouve une solution! Je ne veux plus te voir sauter du haut des branches

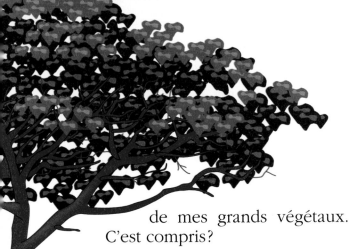

de mes grands végétaux. C'est compris?

— Oui, Cyrus.

— Apprends également à sauter! Tu sautes sans réfléchir!

— Vous croyez que si je réfléchis avant, ce sera plus prudent?

— Tu as déjà vu un chat sauter? Il sait quelle position prendre pour bien retomber...

— ... sur ses pattes! Ça, je le sais.

— La même chose pour toi! Ce n'est pas pour rien que tu as senti un choc dans ta tête!

— Même si je suis tombée sur les pieds?

— Tu es tombée sur les talons, la pire chose que tu puisses faire. Lorsque tu tombes au sol, le choc qui se produit entre le sol et tes pieds se répercute de tes pieds à ta tête. Des pieds aux jambes, des jambes à la colonne vertébrale, puis à la tête, en passant par les nerfs. Tous tes os absorbent aussi le choc. Ton corps a beau posséder des tampons, il ne faut pas trop lui en demander.

— Ma mère me dit la même chose...

— On doit savoir utiliser son corps, sinon on le fatigue, on l'use, on l'épuise, même si on est jeune!

— Comment faudrait-il sauter?

— Il faut penser à plier les jambes et à atterrir sur les orteils, plutôt que sur les talons.

— Qu'est-ce que ça change?

— Cela permet de mieux absorber le choc parce que tu places ton corps dans une position qui lui donne plus d'élasticité. Tu peux placer ta tête vers l'avant. Elle recevra le choc de façon moins percutante.

— Il faut que je sois plus molle?

— C'est un peu ça. Plus détendue, moins rigide.

— Il faut donc que j'apprenne à sauter.

— Observe les animaux, les écureuils volants, les oiseaux, les grands félins.

— Ou les parachutistes, vous ne croyez pas? C'est toujours impressionnant quand on les voit atterrir...

— Tu pourrais aussi aller voir des gymnastes, conseille Cyrus.

— Ou en devenir une? Oh oui! Cyrus, j'aimerais tellement marcher sur la poutre, en sauter élégamment. Et j'aimerais aussi sauter en parachute!

— Alors tu laisseras les arbres tranquilles?

Le corps humain réagit de façon étonnante aux chocs qu'il subit. Un exemple remarquable est celui de Sue Evans, une femme-obus chez qui on a observé le phénomène suivant : entre la mise à feu et l'atterrissage, le corps de la jeune fille de 17 ans raccourcissait de 10 mm!

Quel est l'animal le plus venimeux?

— Quel est l'animal le plus venimeux? demande Tibérius, attablé devant ses œufs brouillés.

— Tu m'étonneras toujours, rétorque le savant, plongé dans son quotidien. Pourquoi cette question? Songerais-tu à expédier ton vieux tonton *ad patres*?

— Pas du tout!

— Il existe beaucoup d'animaux et d'insectes venimeux, commence le savant.

— Oui?

— Je dirais que l'animal le plus venimeux est un animal marin.

— Lequel?

— La cuboméduse.

— Je déteste ces animaux, déclare Tibérius en frissonnant. J'ai déjà été piqué par des méduses.

— Ce n'est pas bien agréable de heurter une méduse en nageant, convient le savant. Mais, parmi les milliers d'espèces de méduses, la plupart sont inoffensives. Bien sûr, quand on touche à une méduse, on ressent tout de suite une brûlure, ou un léger picotement.

— Une brûlure. Comme les méduses sont transparentes, on ne les voit pas. Où trouve-t-on vos cuboméduses, que je les évite?

— En Asie du Sud-Est et au nord de l'Australie.

— Jamais je n'irai me baigner là-bas, tranche Tibérius.

— Les cuboméduses infligent des piqûres extrêmement douloureuses, souvent mortelles.

— Comment font-elles?

— Elles produisent un venin très toxique, en quantité suffisante pour tuer soixante personnes.

— Horreur!

— Attention! Si on prend le venin produit par un sujet, la quantité est suffisante pour tuer soixante personnes. Ça ne veut pas dire que ces méduses tuent toujours soixante personnes d'un coup!

— Continuez, tonton, vous me rassurez! ironise Tibérius.

— Constituées de quatre-vingt-quinze pour cent d'eau, elles sont transparentes et peuvent atteindre la taille d'un ballon de basket-ball. Comme les autres méduses, elles possèdent de longs tentacules.

— Combien? Et de quelle longueur?

— Un spécimen adulte possède jusqu'à

soixante tentacules de trois mètres de long et des milliards de capsules venimeuses. La brûlure qu'ils infligent est, semble-t-il, intolérable.

— Charmantes bestioles !

— Mais leur piqûre n'est pas toujours fatale, explique le savant.

— Enfin une bonne nouvelle. Il y a un médicament contre ce poison ?

— Un médicament très efficace, mais qui doit être pris rapidement, sinon...

— ... le baigneur meurt, c'est ça ?

— Oui. Pour se protéger, les surfeurs australiens portent un survêtement en nylon spécial.

— Comment la méduse s'y prend-elle pour inoculer son venin ?

— Les tentacules de la méduse sont pourvus de capsules contenant le liquide toxique et d'un filament porteur de crochets.

— Charmant ! commente Tibérius.

— Lorsque la méduse entre en contact avec un humain, elle a aussitôt un réflexe de peur.

— Pauvre petite...

— Grâce à ses tentacules, pourvus de filaments garnis de crochets, elle harponne sa victime et lui inocule son liquide venimeux.

— Merci, oncle Cyrus, fait Tibérius en se levant. Je sais maintenant dans quelles mers je dois éviter de me baigner.

La seiche, comme les pieuvres, possède une poche à encre. En cas de danger, l'animal expulse ce liquide noir pour couvrir sa fuite et masquer son odeur. Autrefois, on recueillait ce liquide, appelé sépia, car il servait à fabriquer l'encre de Chine. <u>Sepia</u>, en latin, veut dire seiche.

Je suis très heureuse
d'avoir une aussi belle famille.
Cyrus, Tibérius et Gratte-Bedaine
me font la vie heureuse.
Vous me suivez dans le prochain tome?

Table des matières

Index

Remerciements

Nous tenons à remercier tous ceux qui, de près ou de loin à la SRC, ont préparé le terrain pour que naisse un jour *Cyrus, l'encyclopédie qui raconte*.

Créée par monsieur Jean-Pierre Paiement pour les enfants de 6 à 12 ans, l'émission *275-Allô* est diffusée à la radio AM de Radio-Canada depuis 1989. Parmi près de cinq mille questions posées par des enfants à l'émission sur une multitude de sujets, nous avons choisi les plus intéressantes et les plus universelles.

Nous voulons ici honorer la mémoire de monsieur Michel Chalvin, qui a réalisé l'émission depuis ses débuts jusqu'au moment où il est décédé en 1994.

Nos remerciements vont tout particulièrement aux animateurs de l'émission, Anne Poliquin et Michel Mongeau, aux précieuses recherchistes Joceline Sanschagrin et Élaine Doyon, ainsi qu'au réalisateur de l'émission, Louis-Yves Dubois, qui savent, tous les cinq, vulgariser une matière souvent fort complexe et la rendre accessible aux enfants.

L'enthousiasme de madame Hélène Messier, chef du service des droits d'auteur à la SRC, ainsi que de messieurs Pierre Tougas et Jean-François

Doré, directeurs de la radio AM de Radio-Canada, nous a permis de mener à bien cette vaste aventure encyclopédique.

Nous tenons également à remercier les éditions Larousse, qui nous ont aimablement fourni les outils nécessaires à la vérification de la matière.

Nous voulons enfin souligner la précieuse collaboration de Martine Podesto, qui a vérifié le contenu de ces ouvrages, ainsi que de Diane Martin et Michèle Marineau, qui en ont assuré la correction.

Cyrus, l'encyclopédie qui raconte est illustrée par l'équipe de Québec/Amérique International, à qui nous tenons à exprimer toute notre admiration.

Notre plus grand merci va, bien sûr, à tous les enfants curieux qui posent de si justes questions...